Biographie de Nostradamus

Jacques Boulenger

Biographie de Nostradamus

© 2023 lespropheties.com

Édition : lespropheties.com
Impression : BoD

Impression à la demande

ISBN : 978-2-494965-01-0
Dépôt légal : Juin 2023

Ce livre est dédié à la vie fascinante de Michel de Nostredame, connu sous le nom de Nostradamus. Puissent ces pages captiver les lecteurs en révélant les multiples facettes de son existence extraordinaire.

PRÉFACE DE L'ÉDITEUR

Il existe des êtres dont la destinée échappe aux conventions de leur époque, des esprits qui transcendent les limites du connu pour plonger dans les abîmes de l'inconnu. Michel de Nostredame, mieux connu sous le nom de Nostradamus, est l'un de ces personnages extraordinaires dont la vie a marqué l'histoire à jamais.

Dans cette biographie captivante, nous invitons le lecteur à plonger dans l'univers mystérieux de Nostradamus. Nous explorons les étapes clés de sa vie, depuis ses humbles débuts en Provence jusqu'à sa renommée internationale en tant que prophète et astrologue.

Mais cette biographie va bien au-delà des faits historiques. Nous nous efforçons de pénétrer l'esprit complexe de Nostradamus, de saisir les motivations profondes qui l'ont conduit à exprimer ses visions prophétiques. Qui était cet homme qui a suscité à la fois fascination et controverses ? Quelles étaient ses sources d'inspiration et comment a-t-il réussi à captiver les esprits de son époque, et même des siècles à venir ?

Chaque page de cette biographie est une invitation à la réflexion, à l'exploration des interstices entre la réalité et le mystère. À travers des recherches minutieuses et une approche équilibrée, nous tentons de démêler les fils de la vie de Nostradamus, de dévoiler les motivations derrière ses prophéties et de découvrir les liens entre son passé, son présent et les prémonitions de l'avenir.

Mais avant tout, cette biographie est un hommage à l'homme lui-même. Nostradamus était bien plus qu'un prophète énigmatique ; il était un individu complexe, traversant les épreuves de la vie avec une détermination et un courage remarquables. Son parcours est un témoignage de la persévérance face à l'adversité et de la passion pour la quête de la vérité.

En lisant ces pages, nous vous invitons à vous perdre dans les détails de cette biographie fascinante. Laissez-vous emporter par le récit captivant de la vie de Nostradamus, et découvrez l'homme derrière les prophéties. Que cette biographie vous inspire à questionner, à réfléchir et à percevoir le monde avec un regard éclairé, à l'image de Nostradamus lui-même.

Bienvenue dans ce voyage intemporel à travers la vie énigmatique de Nostradamus.

1

Au xve siècle, les Juifs de Provence et surtout du Comtat Venaissin, domaine papal, suivaient leur religion en toute liberté. Sans doute, là comme partout, le peuple les goûtait peu et il ne manquait pas de bonnes gens pour raconter qu'ils avaient tous les écrouelles ou des flux de sang, et que, s'ils tenaient la tête basse, c'était pour cacher une haleine fétide. Mais on les laissait vivre hors du ghetto, s'ils le voulaient, et respecter à leur guise leurs mille et un tabous alimentaires, observer les fêtes et le sabbat, étaler sur la table les vases d'or et les chandeliers à sept branches, couvrir leurs têtes du taliss rituel, revêtir la chemise blanche, bénir la coupe de vin et la faire circuler à la ronde. Réunis tout le jour sous la gaule du maître d'école comme un sage petit troupeau de canards, nul n'empêchait leurs enfants de rabâcher la Tora sans la comprendre (exactement comme les petits musulmans le Coran), jusqu'à se rendre capables de réciter imperturbablement ces quelque six mille vers.

Les plus remarquables étudiaient ensuite le Talmud et ils s'épuisaient à discuter combien de poils blancs peut avoir une vache rousse sans cesser de l'être, ou si l'on peut tenir quelque chose en main le samedi, puisque la loi défend de rien porter le jour de Sabbat et, par exemple, comment l'on doit conduire son cheval, sa mule ou ses vaches. Et à ces disputes absurdes, peut-être s'aiguisaient-ils l'esprit, car ils faisaient fortune beaucoup plus souvent que les chrétiens, et non seulement au commerce de l'or, mais à beaucoup d' autres. Certains même occupaient les fonctions publiques auxquelles, en ces pays-là, on leur laissait l'accès, comme celles de procureur fiscal et de péager. D'autres étaient médecins, car c'était alors la médecine arabe et orientale qui triomphait et telle était la barbarie qu'on préférait Avicenne à Hippocrate et à Galien. Et il ne manquait pas de Juifs qui, par ce moyen ou autrement, avaient su si bien se pousser auprès des grands qu'ils en avaient conquis la confiance. Ceux-là n'aunaient plus les étoffes derrière leurs comptoirs, ne pesaient plus les pièces d'or au trébuchet, ne déballaient plus de leurs longs doigts maigres les précieux ballots d' épices des Indes et du Cathay ; ils n' allaient même plus de maison en maison examiner d'un œil soucieux la couleur des urines, et quand ils passaient, montés sur leurs belles mules, les courants d'air du mistral pouvaient agiter les pans de leurs houppelandes noires au coin des rues étroites et faire flotter leurs longues barbes et leurs boucles, il n' était plus guère que les gamins aux pieds légers pour oser leur crier, de loin : Retaillons ! ou d' autres noms plus mal sonnants encore .

Tel était maître Pierre de Nostra-Donna, ou Nostra-Dame, ou Nostre-Dame, car, venu d'Italie en France, il avait francisé son nom. Médecin, il s'était établi dans la ville d'Arles, où son habileté lui avait valu une belle clientèle. Mais les apothicaires ne pouvaient le souffrir et ils y avaient quelque raison, car, soit qu'il les jugeât (comme fera plus tard son fils Michel) trop « avares et corrompus » pour mettre dans les drogues ce qu'il fallait, ou trop ignorants pour connaître les bonnes recettes, il mêlait, concassait et composait de sa propre main les médicaments qu'il ordonnait, après quoi il les vendait lui-même, joignant ainsi les bénéfices du « pharmaceutre » à ceux du médecin. Ce que les apothicaires trouvaient fort mauvais. Aussi finirent-ils par accuser maître Pierre, devant les consuls de la ville, de falsifier ses drogues, et l'on ne sait trop comment les choses auraient tourné, si notre homme n'était entré sur ces entrefaites au service du duc de Calabre, lequel le céda à son père, le roi René d'Anjou.

Or le roi René avait déjà un autre médecin juif, nommé Jean de Saint-Rémy, du nom de la ville, où il était natif. Celui-là était fort versé dans l'astrologie, si bien que le roi l'avait nommé conseiller et le tenait en grande faveur, car ce bon seigneur n' avait nulle haine pour les enfants d'Israël et, bien loin de les persécuter, il les laissait vivre et commercer à leur guise (moyennant qu'ils lui donnassent beaucoup d' argent, cela va de soi)... Hélas ! voilà qu'il mourut ! Et le comte du Maine, qui avait hérité de lui, mourut à son tour, de manière qu'en 1481 le roi de France devint enfin comte de Provence, à grand honneur pour cette dernière contrée qui enfin fut française, mais à grand chagrin pour les Juifs qui l'habitaient, car dès 1488 le roi Charles VIII, qui était fort démuni de pécune, leur ordonna de se convertir sous peine de voir leurs biens confisqués.

Ce qui atténuait à l'ordinaire l'importance des ordonnances royales, c'est que (telles celles de nos préfets de police d'à présent) elles n' étaient guère exécutées. Celle-ci d'ailleurs ne fixait pas de délai, en sorte que la plupart des Juifs firent comme si elle n'existait pas. Mais cinq ans plus tard, comme les besoins d'argent du roi n'avaient pas diminué, bien au contraire, de nouvelles lettres patentes leur fixèrent un délai de trois mois pour s'exécuter ; puis, le 26 septembre 1501, le roi Louis XII, qui avait remplacé Charles VIII, revint à la charge une fois encore. Finalement la plupart des Juifs, tous les riches du moins, préférèrent le baptême à l'exil, et s'en trouvèrent fort bien, car ils purent désormais acheter à beaux deniers comptants des fiefs, des châteaux, des lettres de noblesse, des dignités et firent souche de seigneurs : c'est ainsi que les Puy-Michel, les La Tour, les Cadenet, les

Arlatan-Lauris et beaucoup d'autres familles nobles de la Provence descendent en droiture des tribus d'Israël.

Maître Pierre de Nostredame et maître Jean de Saint-Rémy, hommes savants et, comme nous dirions, éclairés, s'étaient convertis à la première sommation, je pense, car ils avaient du bien et y trouvaient leur avantage. Maître Pierre s'empressa d'acheter dans la petite ville de Saint-Rémy en Provence (d'où son confrère tirait son nom) une charge de notaire pour son fils Jaume, ce qui lui était devenu parfaitement licite. C'était là une profession fort honorable, que des cadets de famille noble ne se jugeaient pas déchus d'exercer. Ayant ainsi établi Jaume, il le maria à Renée de Saint-Rémy, fille de son confrère et ami ; et qui sait si, après la cérémonie à l'église des chrétien, il ne s'en déroula pas ailleurs une plus secrète où la fiancée, les cheveux dénoués et flottants, tourna sept fois autour de son futur époux vêtu par-dessus ses habits de la chemise blanche qu'il devait porter dans son cercueil, puis reçut à son doigt l'anneau d'or, puis but dans la même coupe que son époux, qui la brisa ensuite en mémoire du deuil de Jérusalem ?...

Il faut toutefois reconnaître que les enfants de Jaume de Nostredame et de sa femme, baptisés comme leurs parents, se montrèrent toujours bons chrétiens. Nous en connaissons deux : Michel, né le jeudi 14 décembre 1503 « environ les douze heures de midi », dont nous contons la vie, et Jean qui fut procureur au Parlement d'Aix, qui publia à Lyon en 1575 les Vies des plus célèbres et anciens poètes provençaux qui ont fleury du temps des comtes de Provence, ouvrage plein de fantaisie, et qui mourut en 1590 après avoir survécu vingt-quatre ans à son frère aîné. Michel fit toujours grand étalage de piété ; quant à Jean, on dut le mettre en prison pour ses violences contre les huguenots, lors des troubles d'Aix[1]. En sorte que rien ne permet de croire qu'ils ne fussent pas bons catholiques l'un et l'autre. Toutefois, il est bon de savoir que les temps heureux des Juifs provençaux étaient finis. En 1512, le roi, qui regrettait d'avoir tari une source de revenus en les supprimant, imposa les nouveaux chrétiens, ceux qui en Provence s'étaient convertis selon son édit : ils durent verser au trésor six mille florins, pas un sol de moins, sans compter les dépens et frais. Gervais de Beaumont, sieur de Mondésir, chargé de recouvrer la somme, choisit douze notables parmi les intéressés pour répartir la taxe, et la famille de Nostredame n'en fut pas exempte. Quant à ceux des enfants d'Israël qui étaient arrivés depuis 1501 ou qui étaient revenus au pays après un faux départ, ils se voyaient maintenant si fort tracassés par le peuple, qu'en 1542 le Parlement d'Aix dut prendre un arrêt condamnant ceux qui les insulteraient à avoir la langue coupée la première fois, à

[1] Il s'amusait à s'intituler « moine des isles d'Hyères », comme Rabelais fait aussi sur le titre du Tiers Livre de Pantagruel. C'était là une plaisanterie courante, évidemment, dont le sel a échappé aux commentateurs de Maître François. Il faut savoir pour la comprendre qu'en 1549 Henri II a érigé les îles d'Hyères en marquisat sous le titre des Iles d'Or, pour un Allemand nommé « Roquendolf »; en même temps il les a proclamées lieu d'asile pour les criminels (H . BOUCHE, Histoire de Provence, 1664, II, 604-5). Il est vraisemblable que lesdites îles, fort exposées aux injures des Barbaresques, étaient depuis longtemps un véritable repaire de pirates de toutes sortes. De là la plaisanterie : « calloïer (c'est-à-dire moine) des isles Hieres »; on devine que cette expression avait dû passer dans le langage en Provence , pour signifier quelqu'un de peu recommandable . – P. J. DE HAITZE (Histoire de la ville d'Aix, II,352) attribue également à Jean de Nostredame l'Histoire de Provence qui a paru sous le nom de son neveu César, fils de Michel, en 1614, et qui aurait été composée d'après les mémoires de Boniface de Séguiran.

être fouettés au sang la seconde et à avoir leurs biens confisqués la troisième. Et tout cela laisse à imaginer que, tout notaire qu'il était, Jaume de Nostredame devait avoir parfois quelques ennuis. Son fils Michel put apprendre de bonne heure qu'il valait mieux être chrétien décidément.

Saint-Rémy est une petite cité méridionale qu'entourent des champs de fleurs et de cardères ; c'est dans une de ses maisons que Gounod donna la première audition de Mireille ; c'est à une lieue de là, à Maillane, qu'a vécu Mistral. Sur la place, lou Planat, on montre une demeure de la Renaissance qui passe pour avoir été celle des Nostredame. Le notaire y avait fait inscrire sur le linteau de la porte la devise : Soli Deo. C'est là-dedans que le petit Michel regardait son grand-père piler et repiler ses poudres, malaxer ses pâtes, mêler ses élixirs, triturer ses onguents et composer ses opiats, toutes choses auxquelles le vieux médecin était expert comme j'ai dit ; et le futur Nostradamus tenait apparemment de lui cette connaissance de l'apothicairerie par où il se distingua plus tard.

Mais son éducation fut faite, paraît-il, par son aïeul maternel[2], Jean de Saint-Rémy, et cet astrologue ne manqua point de lui donner, « comme en se jouant, un premier goust des célestes sciences ». Sans doute apprit-il dès lors à l'enfant à nommer les planètes qu'il montrait du doigt dans les nuits transparentes et dont les conjonctions influencent notre vie et décident de notre destin ; puis dans la journée il lui faisait étudier les mathématiques et l'hébreu peut-être, mais ce latin surtout qui était la clé par où l'on ouvrait les portes de la science, tout entière contenue dans les livres anciens. Car l'observation n'y avait alors aucune place. Et, d'ailleurs, nous pouvons être sûrs que c'est en vain que le soleil brûlait, que la

2 Son bisaïeul, dit Chavigny.

poussière enfarinait les chemins, que les Alpilles odorantes dominaient la petite ville ; en vain même que l'ornaient l'arc de triomphe et le mausolée romains (et comme elles devaient paraître plus vivantes qu'aujourd'hui, ces ruines latines, plus précieuses aussi, en ce temps où la Renaissance commençait à florir et où l'on ne connaissait pas les monuments grecs) ! Quel intérêt le vieux médecin et son élève eussent-ils pris à tout cela ? Leur race, leur tradition, leurs préjugés ne devaient leur inspirer que mépris pour ces beautés de la nature et de l'art. J'imagine que tout le jour le jeune visage restait penché à côté des longues barbes juives et doctorales sur les pots de pharmacie et les in-folios précieux.

Lorsque son grand-père mourut, Michel fut envoyé à Avignon pour faire ses humanités, « Avignon sur sa Roque géante, Avignon la sonneuse de joie qui, l'une après l'autre, élève les pointes de ses cloches tout semées de fleurons, etc. » (il ne faut jamais traduire les vers de Mistral : ils n'y gagnent pas). C'était alors une vraie île sonnante que cette cité papale, et le « tapage renforcé » des cloches que balançaient ses cent églises était tel à certaines heures qu'il y fallait (à ce qu'on dit) élever la voix pour s'entendre. Le peuple de Provence, qui a le verbe haut, ne s'en privait pas et son langage sonore cascadait par les portes et les fenêtres ouvertes. Il grouillait surtout dans les minces rues malodorantes qui s'emmêlaient au centre de la ville, dévalant du rocher des Dons au pont Saint-Bénézet et à l'île de la Barthelasse, et où l'ombre des maisons maintenait quelque fraîcheur. Les clameurs des enfants, les bruyants palabres des ménagères, les cris des marchands de légumes et de pastèques, les refrains des petits métiers y retentissaient tout le jour. Parfois tout se taisait pour le passage d'une procession somptueuse et dramatique : les pénitents bleus, noirs ou gris, tenant leurs gros cierges et leurs bannières, défilaient en chantant des cantiques et le peuple s'agenouillait au passage des croix d'argent, en respirant l'odeur de l'encens. Mais le tumulte reprenait vite et ce n'était qu'au grand soleil qu'on trouvait un peu de silence.

Il régnait, absolu, sur le Rhône presque désert et sur le pont étroit , déjà rebâti plusieurs fois, qui joignait la rive de l'empire à celle du royaume. Parfois son dos bombé résonnait sous les fins sabots des mules et les pieds lourds des chevaux de bât, et la litière d'un prélat, entourée de serviteurs montés, gravissait par les ruelles vers le palais du pape, où les Suisses jaunes, rouges et bleus faisaient sonner leurs hallebardes sur les dalles. Le gouvernement du légat était arbitraire et doux, les peines criminelles relativement peu rigoureuses, l'inquisition indulgente, les impôts moins lourds qu'au royaume. Les gentilshommes volaient le héron et brisaient des lances dans les lices à leur guise. Dans les cabarets, le vin du pape emplissait les verres. Les jeux de paume et autres maisons de jeu, les maisons mal famées des baigneurs faisaient de bonnes affaires. Les filles de la rue de la Madeleine couchée menaient paisiblement leur commerce. « Il n'est bourdeau que d'Avignon », s'écrie le Dict des pays, et au début du XVIIe siècle encore Zinzerling recommandera aux voyageurs de prendre dans cette ville beaucoup de précautions. Quant à Pantagruel, il n'était pas en Avignon depuis trois jours qu'il était déjà amoureux : « Les femmes y jouent volontiers du serre-croupière parce que c'est terre papale », constatait-il ; mais Jean de Boyssonné les a célébrées en termes plus galants. J'estime, dit-il :

J'estime bien celles dames qui ont
Grâce , douceur et beauté singulière ...

C'était le cas des Avignonnaises. A en croire Garganello, les chambrières du palais même étaient fort complaisantes ; mais au bal (les danses en ce temps-là étaient fort licencieuses) on trouvait « les dames les plus parfumées du monde et des baisers » autant qu'on en voulait, des baisers dont il vante la douceur.

« A Avignon il ne s' agit pas d' être occupé de soucis, mais de vivre autant que possible dans la joie et l'oisiveté. » C'est ce que pensaient les étudiants aussi et ils étaient renommés pour leur dissipation et bragardise. Chaque jour, au coup de cloche qui en annonçait l'ouverture, le jeune Michel de Nostredame se rendait aux écoles avec eux, sur la place des Estudes. La tradition, recueillie par ses anciens biographes, rapporte qu'il s'y distingua extrêmement : pourquoi pas ? L'Université d'Avignon était peu brillante, et telle était la mémoire de notre homme, paraît-il , qu'il récitait mot à mot sa leçon dès qu'il l'avait lue une fois, et qu'il n' oublia jamais rien de ce qu'il avait appris : Memoria pêne divina prœditus erat ; rien n'empêche de le croire. Le soir, lorsque les autres garçons, ses camarades, voyaient ces petites traînées de feu en l' air que les philosophes appellent astres errants et que nous nommons étoiles filantes, ils croyaient que les étoiles se détachaient du ciel : il les détrompait et leur expliquait ce que maître Jean, son grand-père astrologue, lui avait appris : que c'étaient là des exhalaisons sulfureuses que le vent allume comme il embrase le charbon. « Il leur enseignait aussi que les nuées ne puisent pas dans la mer avec des pompes, ainsi que le croit communément le vulgaire ignorant, mais qu'elles étaient formées d' un amas de vapeurs que l'on voit s'élever de terre par les temps de brouillard. Il leur disait encore une autre chose merveilleuse : que la terre était ronde comme une boule et que le soleil qu'ils voyaient à l' horizon en éclairait l'autre hémisphère. Enfin il parlait si souvent et avec tant de plaisir des météores et des astres, qu'on l'appelait le jeune astrologue.[3] »

Les arts libéraux qu'il étudiait comprenaient alors trois parties : grammaire, rhétorique et philosophie. Lorsqu'on avait passé les examens, on était proclamé maître ès arts, quelque chose comme ce que nous appelons aujourd'hui bachelier, premier grade sans lequel on ne pouvait accéder aux études supérieures. La tradition rapporte que, lorsque Michel de Nostredame eut entrepris la philosophie (c'est-à-dire l'étude des ouvrages d'Aristote, de Pline et autres savants de l'antiquité), il y excella si bien qu'il advint plus d' une fois que son régent le laissât faire la leçon à sa place. C'est fort possible : élevé par un docteur en médecine renommé, petit-fils d'un autre, il avait bien pu être instruit par eux de beaucoup de choses que ses condisciples apprenaient, eux, pour la première fois.

Quoi qu'il en soit, c'est à Montpellier, et non plus en Avignon, qu'il apprit la « philosophie et théorie de médecine ». Pourquoi cela ? Parce que l' Université d'Avignon n'était pas brillante : le droit seul y était enseigné avec quelque lustre ; or notre héros devait être médecin comme ses deux grands-pères qui s'étaient distingués dans cet état : telle était la tradition de sa famille. Nos ancêtres, en effet, n'avaient pas les mêmes idées que nous sur la vocation et n'étaient pas individualistes le moins du monde : il était d' usage que le fils suivît la même profession que son père, et c'est ainsi qu'on voyait des générations de bouchers, de gens de loi ou de savants, voire d'artistes, de peintres ; aux XVIIe et XVIIIe siècles, on en verra même de secrétaires d'État, de ministres

---

[3] Vie et Testament de Nostradamus, p. 6. A vrai dire, c'est à l'enfance de notre héros à Saint-Rémy et non à l'époque où il étudiait en Avignon que se rapporte cette tradition, fort suspecte naturellement.

comme nous disons, ce qui de nos jours peut paraître étonnant. Le principe d'hérédité ne s'appliquait pas aux familles royales et seigneuriales seulement : il s'appliquait à toutes les familles, et en fait cela réussissait fort bien.

Donc le jeune Michel de Nostredame conquit le grade de maître ès arts . Il ne lui restait plus qu'à se faire inscrire régulièrement à la Faculté de médecine ; mais auparavant il voulut faire un voyage d'étude dans les villes et Universités du midi, s'appliquant à la « pharmaceutrie » ou pharmacie, et à la « cognoissance et perscrutation des simples par plusieurs terres et pays (...), incessamment courant pour entendre et savoir la source et origine des plantes ». C'était, vraisemblablement, un usage assez répandu alors chez les étudiants, que d'aller écouter dans les diverses Universités l'enseignement des humanistes réputés afin de se perfectionner dans les litterœ humaniores, exactement comme les compagnons ouvriers faisaient leur tour de France.

C'est, en tout cas, ce que fit Rabelais entre 1527 et 1530, comme Nostradamus entre 1525 et 1529, et il est fort possible qu'ils se soient rencontrés à Toulouse et à Bordeaux avant de s'inscrire tous deux à l' École de médecine de Montpellier.

Pour vivre, les écoliers qui n'avaient pas d'argent s'arrangeaient comme ils pouvaient, et ceux qui apprenaient la médecine ne se privaient pas de soigner les malades moyennant finances. C'est que la profession médicale était bien loin d'être réglementée comme aujourd'hui. Certes le grade de maître ès arts ne donnait pas le droit de l'exercer ; pourtant beaucoup de maîtres ès arts, sous prétexte de familiarité avec Hippocrate et Galien, se faisaient médecins traitants. Jules-César Scaliger n'eut jamais le moindre titre médical : cela ne l'empêchait point d'exercer la médecine, et même de couvrir de sarcasmes et d' invectives les « produits de Montpellier ». Ne nous étonnons donc pas si Nostradamus, comme le dit son premier biographe, pratiqua la médecine bien avant d' avoir commencé à l'apprendre officiellement. Cette science, d' ailleurs, n'était pas alors affaire de spécialistes uniquement : tous les érudits estimaient s'y entendre.

2

La Renaissance des lettres, en France, est avant tout un mouvement philologique (comme on parle aujourd'hui). C'est un simple retour aux « sources ». L'intelligence pure n'a pas grand'chose à voir là-dedans, et il n'est pas un philosophe durant la Renaissance qui puisse entrer seulement en comparaison avec les métaphysiciens de la grande école scholastique du moyen âge. D'ailleurs on est bien loin, au fond, de rompre avec le moyen âge : le credo de l'autorité garde toute sa force et l'on continue d' admettre que certains génies quasi-divins du passé ont mis dans leurs ouvrages l'essentiel de toute pensée, de toute science. Seulement leurs textes se sont corrompus et ont été obscurcis par cette « brodure de gloses » dont parle Rabelais. Il faut l'écarter et revenir à la source. Voilà tout.

C'est faute de bien entendre cela qu'on se fait souvent une idée si fausse des rapports de la Renaissance et de la Réforme française, au moins de la première Réforme, avant Calvin .

Au début du XVIe siècle, tous les humanistes ou, comme nous dirions, les intellectuels, souhaitaient une réforme de l'Église. C'est d' abord que certains abus ecclésiastiques étaient vraiment par trop choquants pour le bon sens. C'est aussi que l'esprit critique et, en l'espèce, philologique renaissait : on voulait revenir aux sources, aux textes sacrés, à la Bible, et faire disparaître cet amas de commentaires, philosophiques plus ou moins, dont on les avait obscurcis de siècle en siècle. Au début la Réforme n'est guère qu'un état d'esprit. Puis de 1536 à 1550 l'influence de

Calvin s'établit, triomphe et la Réforme change de caractère. Le libre examen, l'esprit critique était son principe : l'homme de Genève brise avec tout cela et établit un dogme : en somme, Michel Servet fut par lui brûlé en tant que schismatique. Les gens qui avaient gardé, comme Rabelais, l'esprit de la première Réforme ne sont plus aux yeux de Calvin que des « libertins » (le mot est de l' époque), les plus haïssables des hommes.

On peut donc dire, en gros, que pour les intellectuels de la Renaissance toutes les sciences se résument en une science qui n'a pas encore son nom : la philologie. En effet , puisque l' essentiel s' en trouve dans les livres des anciens, il n'est que de déchiffrer ceux-ci. Ce n'est pas facile : les manuscrits qu'on possède sont corrompus, défigurés par les interprétations, les commentaires, les développements ; il faut mettre au jour les bonnes copies, corriger les mauvaises leçons, établir des textes purs. Mais pour cela il faut connaître pleinement les langues antiques, rompre avec le latin du moyen âge, revenir au latin pur ; il faut apprendre le grec, et que de difficultés à cela, sans grammaires, sans dictionnaires, ou peu s'en faut ! Songez que si peu de gens le savent encore ! D'ailleurs, il est si suspect à l'Église que Rabelais a dû quitter son couvent de cordeliers parce qu'il l'étudiait, et qu'environ le temps où Nostradamus séjourne à Bordeaux, une simple lettre en grec (signée d'Erasme, il est vrai) suffira à faire arrêter et emprisonner par le Parlement de Toulouse un personnage illustre et fort bien en cour comme l'évêque de Rieux, Jean de Pins, excellent prêtre et ancien ambassadeur du roi.

La médecine, comme le reste, n'est qu'une branche des litteræ humaniores. L'observation directe, en effet, n'y a encore qu'un rôle infime. On étudie la physique, la physiologie, l'anatomie en étudiant Aristote ; en étudiant

Pline et Théophraste, on étudie l'histoire naturelle ; c'est dans Hippocrate, Galien et autres qu' on apprend la médecine. Car connaître les ouvrages des anciens, c'est la connaître. Voilà pourquoi tous les humanistes sont compétents en médecine et au point que beaucoup prennent leur doctorat. Jusqu'au xve siècle, la médecine arabe avait régné absolument à Montpellier, et au temps de Nostradamus la moitié des cours, ou peu s'en faut, se faisait encore sur Avicenne[4]; mais tous les « jeunes », comme nous dirions, l'attaquaient et reprochaient aux Arabes, en général, d' avoir corrompu les préceptes des anciens : là, comme ailleurs, la Renaissance voulait revenir aux sources. En tout cas, il n'était personne pour qui une référence à un manuscrit grec bien écrit n'eût infiniment plus de poids que les enseignements de l'expérience ; « l'autorité » restait le souverain critérium . Au début du XVIIe siècle encore, Riolan objectera à Hervey que les anastomoses entre les grosses artères et les grosses veines existent nécessairement puisque Galien les a décrites, et Primerose lui dira : « Voudrais-tu faire entendre que tu sais ce qu'Aristote ignorait ? Aristote a tout observé et personne ne doit se risquer à le contredire. » Molière n'exagère guère : « Monsieur, dit le paysan au médecin, il n'en peut plus et il dit qu'il sent dans la tête les plus grandes douleurs du monde. – Le malade est un sot, réplique le docteur, d'autant plus que, dans la maladie dont il est attaqué, ce n' est pas la tête, selon Galien, mais la rate, qui lui doit faire mal. » Et lorsque Rabelais publie son édition des Aphorismes d'Hippocrate, il ne songe pas un instant à contrôler par l'expérience les dires du médecin grec : il s'efforce seulement de corriger les leçons suspectes, de les remplacer par d'autres. Enfin c'est Nostradamus lui-même qui rapporte qu'Erasme ayant

4 En 1557, on cessera tout à fait de l'enseigner.

demandé à Nicolas Leoniceni, de Ferrare, « pourquoy il ne pratiquoit et visitoit les malades », l'autre « luy répondit, comme il avoit de coutume, sagement, qu'il faisoit beaucoup plus de profit et utilité d'apprendre les autres en lisant, qu'en exerçant, et moins de fâcherie, car il n'est possible que un personnage qui a beaucoup de malades à voir, qu'il puisse ne étudier, ne rien écrire. » Il faut se pénétrer de cela afin de comprendre pourquoi Nostradamus (car il devait déjà latiniser son nom), Rabelais et bien d'autres jugeaient utile de faire leur tour de France et d'écouter l'enseignement des humanistes célèbres de leur temps avant de s' inscrire régulièrement à une Faculté de médecine.

Lorsqu'il partit en 1525, Nostradamus avait vingt-deux ans. On l'imagine cheminant par petites étapes sur sa mule, herborisant et s'informant des simples (comme Rabelais qui y prit toujours grand intérêt), causant avec les apothicaires et s'enquérant des recettes de médicaments et de confitures dont il devait faire plus tard un soigneux recueil. En 1526, il passe en Avignon (c'est lui-même qui nous le dit) où il apprend à composer une gelée de coings « d'une souveraine beauté, bonté, saveur et excellence, propre pour être présentée devant un roy et qui se guarde bonne longuement », si délicieuse, en effet, qu'on en fait un présent à monseigneur le grand-maître de Rhodes à son passage dans la ville. De là, il gagne Toulouse et Bordeaux.

Toulouse avait alors son Capitole comme Rome et, si elle n'avait plus ses consuls, ses magistrats municipaux s'intitulaient fièrement barons du Capitole ou capitouls. Mais celle que Martial, Ausone et Sidoine Apollinaire appelaient la ville de Pallas et saint Jérôme la Rome de la Garonne avait bien perdu de son libéralisme passé. Depuis trois siècles l'Inquisition y régnait ; ses habitants étaient devenus les plus intolérants du royaume ; et Michel Servet déclare que

Sarragosse même, où il venait de passer trois ans, était moins bourdonnante de messes, moins sonnante de cloches et moins fournie de reliques. Aussi bien Jean de Cahors n'allait pas tarder à être brûlé sur la place Salins (1532) et Jean de Boyssoné, le bon vivant, condamné à l'amende honorable (1532). Sous l'arche centrale du nouveau pont Saint-Michel, achevé en 1508, pendait une grande cage de fer où l'on enfermait les blasphémateurs avant de les plonger dans la Garonne jusqu'à tant que mort s'en-suivît.

C'est une erreur, au reste, que de croire que les Universités font florir le libéralisme intellectuel ; en fait, cela ne se vérifie pas le moins du monde. Au moyen âge, c'était la Sorbonne qui donnait le ton à celle de Paris, et l'on sait assez qu'Oxford ne s'est pas toujours montrée fort progressiste ; quant aux Universités d'Outre-Rhin, elles étaient avant la guerre ce qu'elles sont redevenues depuis : on sait que ce sont les étudiants qui viennent de donner le signal des autodafés de livres à Berlin. Cette constatation, qui peut étonner d' abord, surprendra moins si l'on songe que l'esprit « professeur » est l'antithèse même de l'esprit critique ; je dis l'esprit « professeur » et non l'esprit « savant », qui peuvent se superposer dans un même individu, mais ne sauraient se mélanger ... Le fanatisme de Toulouse ne nuisait donc pas à son Université. Celle-ci était célèbre par son École de droit, et une foule d'étrangers, Espagnols, Allemands, Anglais y venaient étudier Accurse et Barthole. Mais sa Faculté de théologie et sa Faculté des arts (où l'on enseignait aussi la médecine) n'étaient pas sans lustre, et l'Université au total ne renfermait pas moins de dix mille écoliers.

Ceux-ci, s'ils laissaient à l'occasion « brûler leurs régents tout vifs comme harengs saurets », étaient au temps de Nostradamus excellents danseurs, bons escrimeurs, et renommés pour leur adresse à faire voler le pesant espadon ou épée à deux mains. Mais tout porte à croire que le jeune Juif goûtait peu ce sport violent. Prit-il seulement la peine d'aller visiter comme Pantagruel cet antique moulin de Bazacle sur la Garonne, le plus beau du royaume, et où la merveille n'était pas tant le grand nombre des meules, que la hardiesse de la chaussée qui coupait le fleuve en biaisant d'un bord à l'autre et faisait une cascade surprenante ? En revanche, il dut suivre les cours renommés du « très docte et vertueux » Jean de Boyssonné et voir plus d' une fois Mgr Jean de Pins, l'évêque de Rieux, qui vivait plus souvent dans son appartement du couvent des Carmes ou dans sa grande maison de Toulouse que dans son petit diocèse (qu'il administrait pourtant fort bien), et dont le style latin, quoique à vrai dire peu correct, faisait alors l'admiration de tous les lettrés d' Europe.

Les quelques particularités que nous savons sur ce premier voyage de Nostradamus dans les villes de la Garonne, c'est par quelques mots qu'il nous en dit dans son Opuscule. Comme il n'y distingue pas ce premier voyage de celui qu'il fit aux mêmes lieux une dizaine d'années plus tard , il n' est pas possible de savoir s'il prenait dès lors aux « produits de beauté » (comme nous appelons cela présentement) et aux recettes de confitures autant d' intérêt qu'il en prit par la suite. N'oublions pas que son propre grand-père paternel avait eu jadis des ennuis pour le goût qu'il avait de lui-même concasser ses drogues, piler ses herbes et composer ses pâtes. Nostradamus avait de qui tenir et il est vraisemblable qu'il ne manquait pas d'aller dès lors visiter curieusement les apothicaires et épiciers.

L'Université de Bordeaux devait lui laisser plus de loisirs pour cela que celle de Toulouse : elle brillait alors si peu que les jurats se trouvaient sur le point de congédier une grande partie des professeurs en raison de la pénurie des étudiants. Dans la ville, notre homme, pas plus que Pantagruel, « ne trouva grand exercice, sinon des gabarriers jouant aux luettes sur la grève » (c'est un jeu de cartes espagnol et les gabarriers sont les déchargeurs de gabarres, les dockers). Il y apprit du moins plusieurs bonnes recettes de confitures et je l'imagine courant les étroites et puantes rues, où les ordures formaient dans le ruisseau central des collines pourrissantes que personne n'ôtait jamais, pour visiter les principaux droguistes. C'était déjà la cité des commères fortes en gueule, et les tripières de la rue Maucouyade (Mal Coiffée) ni les poissonnières de la rue Maubec (Mauvais Bec) ne le cédaient en rien aux écaillères des Halles parisiennes : on n'avait trouvé d'autre moyen de les calmer que de leur infliger des amendes de dix sols, et celles qui ne pouvaient payer étaient trempées trois fois de suite dans la Garonne, ce qui ne manquait pas de les réfrigérer .

En 1528 la peste apparut, bientôt suivie de la famine. C'est alors que Nostradamus commença, je pense, d'exercer la médecine bien qu'il n'eût encore aucun titre qui le lui permît ; mais on n'était pas là-dessus aussi regardant qu'aujourd'hui. Puis il regagna Montpellier. Espérons qu'il ne déménagea pas à la cloche de bois ; en ce temps-là les étudiants, surtout en cas de peste, ne faisaient pas le moindre scrupule de s'en aller sans payer leur loyer.

3

Dans les temps anciens les étudiants en médecine de Montpellier élisaient un roi qu'ils promenaient solennellement dans toute la ville, quelque chose comme le fameux roi de la Basoche. On le leur défendit : alors ils élurent un abbé et il n'y eut que le nom de changé. Le 25 mai 1527, on le leur interdit encore. Désormais ce fut l'assemblée des professeurs qui choisit elle-même parmi les bacheliers un procureur, une sorte de moniteur chargé de les contenir, de secrétaire, de syndic aussi, qui les représentait et qui changeait au début de chaque année scolaire. Mais les mêmes folies reprirent et le 31 octobre 1550 il faudra supprimer le procureur, ce qui, d'ailleurs, ne calmera rien.

En arrivant, la première chose que fit Nostradamus fut, selon l'usage, d'aller se présenter au procureur. Il se rendit avec lui chez le chancelier (qui était l'un des professeurs, nommé à vie par ses collègues), devant qui il dut établir qu'il était né de légitime mariage, qu'il avait vingt-deux ans accomplis, qu'il professait la religion catholique, qu'il n'avait jamais travaillé à quelque art manuel ou mécanique, et enfin qu'il était maître ès arts ou du moins qu'il avait étudié la philosophie (c'est-à-dire les ouvrages scientifiques des anciens) durant au moins deux ans. Cela fait, et toujours en compagnie du procureur des écoliers, il alla chez un des procureurs des professeurs, lequel l'interrogea sur la rhétorique et la philosophie, c'est-à-dire Cicéron, Aristote et autres ; et après cette sorte de P. C. N., muni d' un billet du chancelier, il fut enfin s'inscrire sur le registre de la Faculté. C'était le 23 octobre 1529 (environ un an avant Rabelais).

L'usage était de se choisir un maître auquel on s'attachait, un patron, dirait-on aujourd'hui, dont on suivait les cours, qu'au reste on payait et qui répondait de vous : pour Nostradamus, ce pater fut, je pense, Antoine Romier. Enfin, notre homme dut verser les droits d'inscription : deux livres au procureur des écoliers et vingt sols à la caisse de l'Université.

En principe les écoliers avaient le droit d'exiger qu'on leur louât les logements disponibles quand il s'en trouvait. Ils pouvaient même faire expulser les voisins bruyants qui les gênaient dans leur travail, comme serruriers, menuisiers et autres. Mais dans la pratique les bourgeois se souciaient peu de loger ces turbulents personnages qu'étaient les étudiants, surtout lorsqu'ils avaient de belles personnes pour épouses, paraît-il, pulchras uxores. Et certains régents de l'Université prenaient des élèves en pension, moyennant argent et vivres en nature.

Il ne faut pas croire, en effet, que les maîtres vivaient à l'écart et tout drapés dans leur pourpre et leur dignité. Les messes, les repas de corps, les assemblées de la Faculté, qui se tenaient le dernier jour de chaque mois et aussi la semaine qui précédait la saint Michel et celle qui suivait Pâques, dans la plus ancienne paroisse de la ville, l'église Saint-Firmin, enfin bien des frairies joyeuses réunissaient les écoliers aux régents et docteurs. Aux assemblées le procureur des étudiants rendait compte de ses recettes et de ses dépenses ; on y décidait des fêtes et des banquets ; on y délibérait sur les intérêts communs et, en choisissant leurs sujets de cours, les maîtres tenaient grand compte des désirs de leurs élèves, qui avaient le droit de leur faire des remontrances et même, en cas d'insuffisance, de retenir leurs gages.

Nostradamus sûrement prit part à l' assemblée dont on voit encore le procès-verbal (en latin naturellement) sur le livre du procureur des écoliers :

Le 15 octobre 1530 fut faite une assemblée dans l'école royale au sujet du banquet de la Saint-Luc, à l'accoutumée. Lequel j'organisai, du consentement de tous, à l'auberge vulgairement appelée La Soche ; et là tout le monde fut très bien traité quant à la nourriture, et j'ai payé à l'hôte pour tous cinq écus d'or huit sols huit deniers.

Pour les ménétriers , trente sols .

Pour les serviteurs et servantes , cinq sols .

Pour les chantres de la messe , dix sols .

Pour les perdrix et pigeons dont on a fait don à Falcon[5] afin qu'il lût nonum ad Almansorem [fît son cours sur le neuvième livre du Traité des maladies de Razi dédié à Almanzor], lequel il ne voulait lire pour un tas de mauvaises raisons, et maître François [Rabelais ?] et beaucoup d'autres, intervenant au sortir de la messe, l'exhortèrent à le faire, treize sols.

Pour l'enfant qui alla chercher les ménétriers, un sol.

Pour ceux qui ont fait le repas, à l'accoutumée, un écu d' or deux livres.

Pour l'absolution donnée aux défunts le jour Trium Coronatorum, onze sols six deniers .

Somme du tout quinze livres dix-huit sols six deniers.

Quand un des professeurs mourait, tous les étudiants suivaient deux par deux son cortège d'enterrement, et l'un d'eux marchait immédiatement derrière la bière, en bonnet et en robe, du pas le plus majestueux qu'il lui était possible, tenant tout ouvert un exemplaire d' Hippocrate

---

5 Peut-être le Falcon dont on trouve plusieurs pièces de vers latins dans le Tumulus de Salmon Macrin .

lequel était voilé d' un crêpe noir tombant jusqu'aux genoux du porteur. Mais en temps ordinaire la vie des écoliers était moins édifiante.

Tout leur était prétexte à beuveries et festins : la Saint-Luc comme l'Épiphanie, les arrivées des nouveaux, des béjaunes, comme on les appelait, les départs des anciens, les succès aux examens ou même une belle journée qu'on allait passer à la campagne. Le jour des Rois, grand défilé avec bannières, mascarade, danses, représentation d'une pièce : en 1529 Nostradamus assista sans doute à cette Morale comédie de celui qui épousa une femme muette, où jouèrent François Rabelais, Antoine Saporta et autres bons compagnons. Les écoliers qui devaient tenir les rôles de la mascarade des Rois s'étaient désignés longtemps à l'avance et en 1530 jusque sur le livre du procureur des écoliers les commissaires aux comptes se parent de leurs titres : B. Noyer signe fièrement rex medicorum et M. Mulet, cancellarius. Tel autre s'y intitulera bonus potator, car il était de mode d'être bon biberon et d'apprécier ce vin de Mirevaulx dont Rabelais devait garder un souvenir attendri.

Mais c'était tous les jours qu'on donnait aubades ou sérénades, courait le guilledoux et poursuivait les jupons : un habitant nous parle de ces « écoliers plus que bestiaux, qui forcent les portes des femmes, et courent la ville, comme cochons écumants et taureaux pétulants, infectant l'air d'une puanteur de bouc ». Il n'est pas aimable, mais grande devait être l'irritation des bourgeois paisibles contre ces célibataires déchaînés qui emplissaient la ville de désordres où le guet ne pouvait même pas intervenir, puisqu'un de leurs privilèges était de dépendre directement du sénéchal (un autre était l'exemption de divers impôts). Fréquentes étaient leurs querelles avec les étudiants en droit, ces « trois teigneux et un pelé de légistes ». Il faut avouer que ceux-ci étaient

insultants : « Stercus et urina medici sunt prandia prima !
Vous sentez le clystère comme vieux diables ! » hurlaient-ils.
Et l'on conviendra que ce n'étaient pas là des choses à dire.

Le grand ordinaire durait de la Saint-Luc (18 octobre
) au dimanche des Rameaux. Pendant le petit ordinaire qui
allait du lundi de Quasimodo à la Saint-Jean (24 juillet),
c'étaient les nouveaux bacheliers qui professaient à la place
des maîtres stipendiés, du moins le mercredi. Les grandes
vacances duraient du 24 juin au 18 octobre ; mais il en était
beaucoup d' autres : quinze jours pour Pâques, trois jours
avant le Carême, plus les fêtes d'obligation ; joignez que les
lecteurs stipendiés chômaient le mercredi en l'honneur
d'Hippocrate. Tout cela faisait bien cent cinquante jours de
congé par an, ou davantage.

Le professeur montait en chaire au son de la cloche,
à six heures du matin, coiffé de son bonnet carré de drap noir
à houppe de soie cramoisie et portant majestueusement, sur
une sorte de soutane noire, sa belle robe rouge. On avait beau
répandre sur le plancher une litière de paille fournie par le
bedeau (dont c'était un des profits), l'hiver, à six heures du
matin, il devait faire plutôt froid dans ces salles de pierre à
courants d'air. Durant la première demi-heure, le professeur
lisait une traduction latine du texte grec ou arabe, et dans la
seconde il commentait sa lecture, toujours en latin, bien
entendu, grâce à quoi les étrangers suivaient très facilement.
Ah ! quel bon espéranto, que le latin ! Il est bien fâcheux
qu'on y ait renoncé. Les savants du monde entier se sont
entendus pendant des siècles, grâce à lui, sans la moindre
difficulté.

Il y avait une bibliothèque où les étudiants
pouvaient entrer de huit heures du matin à quatre heures du
soir ; mais elle ne contenait qu'une cinquantaine de volumes (
les livres coûtaient très cher); encore certains, comme les

Bucoliques de Virgile, étaient-ils purement littéraires. En somme, on apprenait en écoutant les cours et sur les notes qu'on y prenait. Quand on songe que les œuvres de ce Galien seul, qu'il fallait si bien connaître, emplissent vingt-deux volumes in-8° dans l'édition qu'on en a donnée à Leipzig entre 1821 et 1833, on ne peut qu'admirer la mémoire de nos aïeux. D'ailleurs, tout en révérant le vieux maître, les écoliers ne se privaient pas de le blaguer, comme on dit ; ils riaient de son finalisme comme nous nous amusons de Bernardin de Saint-Pierre et de ses idées sur les côtes du melon ... Et ici je voudrais bien citer Rabelais, mais, pour une fois, il écrit assez mal ce qu'il veut dire, et qui est que le « gentil falot Galenus » prétend assez drôlement que, si la nature ne nous a pas mis la tête aux genoux et aux coudes, c'est qu'elle est faite pour les yeux et que ceux-ci doivent découvrir au loin.

La botanique était fort en vogue à Montpellier, et Rabelais, pour sa part, s'y intéressa toujours. D'ailleurs la ville était renommée pour ses droguistes ; les jolies filles de Toulouse même y envoyaient les écoliers avec lesquels elles fleurtaient acheter des parfums pour elles :

Qu 'anes juscas à Montpellié ,
On son las flors de médicinas ,
Per lor portar de drogas finas
Et de receptas appropriadas
Per las tenir fort effachadas .

Nostradamus ne put qu'y perfectionner les connaissances en pharmacie dont il tenait le goût de son grand-père paternel et qu'il s'appliqua toute sa vie à développer .

Mais si nos savants docteurs étudiaient les plantes, ils n'étudiaient guère le corps humain, du moins ailleurs que dans les livres, et les leçons de choses n'étaient que peu en honneur auprès d'eux. Ce n'est qu'en 1520 que la Faculté s'était décidée à acheter pour quinze sous un squelette à Aigues-Mortes. Quelle déception quand il arriva, incomplet et endommagé comme il était ! Quelquefois, rarement, on faisait une dissection : il y en eut deux en 1530 et trois en 1531 ; c'est peu, mais il était fort malaisé de se procurer des corps de suppliciés, encore que le duc d' Anjou eût donné le droit à l'Université d' en réclamer un chaque année. A Paris, les chirurgiens-barbiers s'entendaient avec le bourreau et le jour de l'exécution, ayant embauché des pages, laquais sans place, crocheteurs, bateliers, etc., ils se précipitaient avec ces mauvais garçons, s'emparaient du cadavre encore chaud et le transportaient dans la boutique de l'un d'eux où ils se barricadaient. La maréchaussée arrivait, constatait, puis s'en allait. Un peu partout des écoliers hardis allaient voler à main armée des cadavres dans les cimetières, comme fera Félix Plattner en 1554. Quatre ans plus tôt le Parlement avait fait défense « aux chirurgiens, barbiers et autres étudiants, tant en médecine que chirurgie, de faire aucune anatomie et dissection sinon en la présence d'un docteur en médecine » (arrêt d' ailleurs toujours renouvelé et toujours méconnu), ce qui prouve que les étudiants ne se bornaient pas aux « anatomies » officiellement faites et permises.

Nostradamus dut assister à celle qui eut lieu à Montpellier, environ le 18 octobre 1530, sous la direction du régent Schyron ou Scuron, et dont un des étudiants, Guillaume Rondelet, plus tard savant illustre, qui faisait alors fonction de procureur des écoliers, présenta le compte des frais à l'assemblée de la Faculté, selon l'usage. Bien entendu, maître Jean Schyron (qui était le patron ou le parrain, le pater, comme on disait à Montpellier, de François Rabelais) n'eut garde de mettre la main à la dissection : il se contenta de la commenter oralement pendant que les chirurgiens-barbiers accomplissaient cette basse besogne manuelle, moyennant quoi il toucha trente sols et un repas ; c'est ce qu'on appelait « faire une anatomie ». Docte comme il était, il ne lui arriva pas, heureusement, la même mésaventure qu'à cet autre docteur qui, en pareil cas, demeura court au point que l'assistance se demandait lequel, du cadavre ou du médecin, était le plus muet.

Au XVIe siècle, et bien plus tard, un médecin gradué n'eût pu manier le scalpel ni accomplir aucune besogne « méchanique » de ce genre sans déroger : il lui fallait mander le barbier, simple artisan. En 1748 encore Dumoulin aimera mieux laisser mourir son malade sans saignée que de lui donner un coup de lancette de sa propre main. Quand Louis XIV anoblira Clément, qui avait mis au monde l' enfant de Mlle de La Vallière, il aura soin de spécifier qu' « en considération des secours que les princesses de notre sang pourront continuer d'en recevoir », celui-ci ne sera point « tenu de cesser l'exercice de sa profession » : car accoucher était indigne d'un médecin, il ne pouvait que diriger les sages-femmes. A plus forte raison un docteur se faisait-il accompagner en cas de besoin de M. Purgon : songez donc !... Jusqu'au milieu du XVIIIe siècle, tout chirurgien qui voudra obtenir la licence en médecine devra s'engager par devant notaire à ne plus pratiquer d' opérations : il faut, en effet, disaient les statuts de la Faculté , « garder pure et intacte la dignité de l'ordre des médecins ».

Telle fut la vie de Nostradamus pendant les trois ans d'études qu'il dut faire avant d'être admis à se présenter au baccalauréat en médecine ; trois ans, ce n'était pas énorme quand il en fallait cinq avant d'être candidat au baccalauréat en droit canon, sept en droit civil et huit en théologie. A vrai dire certains pouvaient être dispensés de ces trois années-là :

Rabelais, par exemple, immatriculé le 17 septembre 1530, fut reçu bachelier dès le 1 er novembre de la même ainnée ; mais Rabelais, âgé de trente-six ou trente-sept ans pour le moins, était un savant déjà réputé, fort ami, en outre, de maître Jean Schyron. Montpellier admettait des équivalences, mais on y était très difficile, sauf pour les écoliers venant de l'Université de Paris, et ce n'était pas le cas de Nostradamus.

Il se présenta donc en 1522 probablement. On lui proposa l'explication d'une maladie quelconque ou d'une question de physiologie et, de huit heures du matin à midi, il répondit à toutes les demandes et objections que les régents lui firent ; après quoi le chancelier lui dit solennellement : Indues purpuram, conscende cathedram et gratias agis quibus debes. Aussitôt, il revêtit la robe rouge à grand rochet, larges manches et petit capuchon, et monta s'asseoir à côté des maîtres, non sans que ses condisciples lui eussent donné chacun un coup de poing : telle était la coutume.

Ensuite, chaque mercredi, jour chômé pour les professeurs, durant tous les trois mois du petit ordinaire, il fit un cours sur un texte choisi par le doyen ; un des régents siégeait à son côté pour le reprendre à l'occasion, selon la tradition. Un an plus tôt, le nouveau bachelier Rabelais avait fait son commentaire, non sur la vulgate latine qu'il jugeait fautive, mais sur le texte grec même, d'après un manuscrit qui lui appartenait, et cette nouveauté hardie avait eu un immense succès ; mais il ne devait pas se retrouver un savant capable de l'imiter avant de longues années. Nostradamus, lui, dut se contenter de lire et d'expliquer bien sagement et à la manière traditionnelle. Quoique ses biographes nous aient parlé de ses surprenants succès à Montpellier, l'on ne voit pas jusqu'à présent que son séjour y ait laissé de grandes traces.

Les statuts de la Faculté ordonnaient que les nouveaux bacheliers, en même temps qu'ils faisaient leurs cours, exerçassent la médecine, soit en accompagnant les médecins de la ville auprès de leurs malades, soit autrement. Et ce n' est qu'après s'être ainsi perfectionnés dans la pratique comme dans la théorie, qu'ils étaient admis à se présenter aux quatre examens de la licence, aux examens per intentionem, comme on disait en sous-entendant adipiscendi licentiam docendi.

La veille du premier jour fixé, Nostradamus reçut un sujet et le lendemain, à la même heure, il lui fallut exposer sa thèse sur ce point, répondre publiquement à toutes les objections d'un des professeurs et satisfaire à toutes les demandes qui lui furent faites sur la médecine en général. Après cela un jour de repos ; puis on lui donna un autre sujet et l'examen recommença. Et ainsi de suite quatre fois. Enfin huit jours après le dernier examen, il se rendit chez le doyen et piqua au hasard un sujet dans l'Ars parva de Galien, puis chez le chancelier où lui échut de même un sujet extrait des Aphorismes d'Hippocrate ; et le lendemain de midi à quatre heures, dans l'église Notre-Dame-des-Tables, il soutint ses deux thèses en présence cette fois des professeurs seuls, répondant victorieusement à toutes les objections qu'on lui fit. Il avait fait allumer des cierges à foison et distribuer en quantité du vin et des gâteaux : c'était l'usage, il était agréable aux juges, et nul n'avait garde d'y manquer Ses lettres de licence, qu'il reçut dans la semaine des mains de l'évêque de Montpellier, lui coûtèrent gros aussi. A chaque examen les droits étaient lourds. Il n'était pas possible à tout le monde de devenir docteur.

Il ne restait plus pour cela à Nostradamus qu'à passer ses triduanes et il s'y prépara. Le jour venu, il exhiba une liste de douze maladies sur lesquelles le chancelier et le doyen en désignèrent chacun trois ; et matin et soir, pendant trois jours, il discuta et résolut toutes les difficultés qu'on souleva ; c'était un professeur différent qui menait chacun de ces six examens, et il avait soin de faire argumenter les aspirants au doctorat présents dans la salle en spectateurs.

Enfin la discussion, présidée par le patron ou parrain de Nostradamus, Antoine Romier, s'arrêta ; les régents se levèrent et sortirent de la chapelle ; les condisciples du candidat vinrent le féliciter. Virtuellement, il était docteur. Pour qu'il le devînt tout à fait, il ne lui restait plus qu'à voir son actus triumphalis s'accomplir ; mais ce n'était là qu'une cérémonie.

La veille du jour fixé, la cloche sonna longuement pour annoncer au monde qu'allait naître un nouveau docteur. Puis, le lendemain matin, le Faculté en corps vint le chercher à son logis, précédée de musiciens : c'était comme pour une noce, un baptême, si vous voulez. Tout le cortège entra dans l'église Saint-Firmin, entouré d'un si grand concours de peuple qu'on n'eût pu glisser une aiguille dans l'assistance. Alors un des régents se leva et fit au récipiendaire un grand discours latin tout plein de bons conseils et de lieux communs redondants. On le coiffa du bonnet carré à pompon rouge, lui passa au doigt la bague d'or, le ceignit de la ceinture dorée et, après lui avoir remis solennellement le livre d'Hippocrate, on le fit asseoir dans une chaire à côté du régent qui l'avait harangué. On l'embrassa. On le bénit. Et on lui dit : Vade et occide Caïm ! Mais personne ne savait ce que cela signifiait (ni moi non plus).

Nostradamus était docteur. Il paraît qu'ensuite il demeura quelque temps à Montpellier comme professeur ; au reste, c'était l'usage. Cela dura peu et il ne tarda pas à reprendre sa vie errante. Mais il garda toujours bon souvenir des « savants personnages » qu'il avait connus « en la parfaite Faculté de médecine » de Montpellier, et de trois d'entre eux surtout qu'il couvrait plus tard de louanges épaisses et pesantes comme saumons de plomb : c'est à savoir Antonius Saporta filius, « que je ne sais si l'âme de Hippocrate serait point transformée en lui », Guillaume Rondelet, « à qui [je ne sais si] Alianus Massarius ou Dioscorides le lentilleur lui auraient point laissé [leur âme] par une divine mutation de Euphorbe en lui[6] », et Honoré Castellan « qui est encore au soleil levant, car il n'est permis à exerçants la faculté iatrice de rien rédiger par mémoire qu'ils ne soient au soleil couchant ». Tous trois avaient été ses compagnons sur les bancs de l'école. Antoine Saporta, fils et petit-fils de médecin, immatriculé en 1521, ne fut gradué docteur que dix ans plus tard, et mourut en 1573 après avoir été chancelier. Il était sûrement bon compagnon : Rabelais, qui l'avait enrôlé pour jouer sa moralité de Celui qui épousa une femme muette, l'appelle son « antique ami », et c'est assez. Guillaume Rondelet, Rondibilis , comme le surnomme l'auteur de Pantagruel, fils d'un marchand d'épices de Montpellier (c'était un grand métier que celui d'épicier, en ce temps-là), immatriculé à la Faculté la même année que Nostradamus et docteur en 1537, fut un célèbre savant, spécialisé dans l'histoire naturelle et particulièrement celle des poissons, et d'ailleurs hilarus et facetus, dit un de ses biographes. Quant à Honorius Castellanus, qui s'appelait peut-être Du Chastel, Châtelain ou Castellan, il devint premier médecin de la reine Catherine, médecin et conseiller ordinaire de Henri II, François II et Charles IX, et mourut à la Cour en 1569. Il n'avait pourtant été reçu docteur qu'en 1544, mais Nostradamus l'avait eu sans doute comme condisciple et, comme on voit, il le traite en cadet.

6. Les phrases de Nostradamus sont involontairement si mal bâties que l'on se demande si c'est toujours exprès qu'elles sont obscures dans ses ouvrages hermétiques, et s'il parlait lui-même bien le français : il devait être plus à l'aise, soit en latin, ou en provençal.

4

Alors notre homme remonta sur sa mule et reprit ses voyages. Il s' en retourna vers ces villes de la Garonne où il avait vécu au temps de sa jeunesse. On montrait à la fin du XVIIIe siècle la maison qu'il avait habitée à Toulouse, « remarquable par quelques écussons et emblèmes gravés », dit Astruc ; mais il en est cent à qui conviendrait ce signalement ; au reste, les traditions de ce genre sont invariablement fausses. On raconte encore qu'un jour, à Toulouse, notre homme reçut une lettre de Jules-César Scaliger qui le conviait à venir lui faire visite en Agenois. Quoique Nostradamus fût encore, selon toute apparence, assez obscur, cela n'est pas tout à fait impossible. Le descendant (douteux) des princes de Vérone s'ennuyait comme un rat mort dans son domaine de Lescalle, et ses poésies sont pleines de doléances contre l'Aquitaine et particulièrement contre Agen, « où le soleil sert moins à féconder la terre qu'à incommoder les habitants, où chacun ne se soucie que de sa récolte, où l'esprit est ce qu'on cultive le moins », etc. Aussi s'efforçait-il d'attirer autour de lui les esprits distingués et les humanistes qui passaient dans la région ; c'est ce qu'il appelait sans doute, ce qu'en tout cas son fils Joseph appellera « son école », et à cette « école » sa vanité trouvait quelque plaisir. Mais son insupportable caractère ne tardait guère à transformer ses visiteurs en ennemis et à le faire haïr par eux comme il l'était par ses concitoyens.

C'était un rude homme, ce Jules-César Scaliger. A vrai dire, de ses trois noms, il n'en est qu'un seul auquel on soit certain qu'il eût droit : c'est Jules. Il y ajoutait César par amour de Rome et Scaliger parce qu'il prétendait appartenir aux Della Scala de Vérone ; d'ailleurs, malgré les sept cents pages de railleries de Scioppius, il n'est pas sûr que ce soit faux. Que ce fût, comme il disait, de Benedetto Della Scala, prince de Vérone, et de Bérénice, fille du comte Paris Lodronio, ou de Benedetto Bordoni, peintre miniaturiste et géographe, il n'en était pas moins né à Riva en 1484. Fort brillant humaniste, il connut à Vérone l'évêque d'Agen, Antoine de la Rovère, qui le prit pour médecin et l'emmena dans son diocèse en 1525. Trois ans plus tard, il obtenait du roi ses lettres de naturalisation. Elles l'appellent Julius-Caesar de Lescalle de Bordoms (faute évidente pour Bordonis) autrement dit Jules-Cesar della Scala dei Bordoni. Il était tombé amoureux d'une petite fille de treize ans, Audiette de la Roque-Lobejac, car les amours purement littéraires tenaient une forte place dans l'âme des humanistes platoniciens ; mais il faut que le sien ait tout à fait cessé de l'être à un moment donné, car au bout de quatre années de cour Scaliger, âgé de quarante-cinq ans, épousa Audiette qui en avait moins de dix-sept, et en eut bientôt un enfant que quatorze autres devaient suivre avant son trépas, qu'il fit à soixante-quinze ans, en 1558.

C'était un grand gaillard, athlétique et de haute mine, qui portait ses cheveux blonds ras à l'antique et sa barbe taillée à la mode du temps. Ses grands yeux bleus se fixaient sur les gens avec une dureté altière, et son fils raconte qu'il avait la faculté de lire la nuit sans lumière, au moins les textes imprimés en gros caractères, « grâce au feu qui rayonnait de ses yeux ». Il se plaisait à faire des récits de sa jeunesse qu'il avait dépensée à la guerre et aux armes, de la bataille de Ravenne où il avait combattu avant de passer, avec les Della Rovere, au service de François Ier, et des innombrables combats qu'il avait soutenus de cette même

40

main dont il traçait à présent ses vers latins. Au vrai, peut-être avait-il employé principalement ses jeunes années à apprendre le latin et les humanités à l'Université de Padoue. Mais il faut avouer qu'il avait le caractère d'un homme de main plutôt que d'étude, et que jamais on ne vit grammairien plus colérique, poète plus agressif et savant moins endurant. Avec cela assez adroit, cet Italien.

Il avait débuté dans la carrière des lettres en 1531 (car à quarante-six ans il n'avait pas encore publié une ligne) par une attaque d'une violence éperdue contre l'écrivain le plus vénéré par les intellectuels de tout poil, contre Erasme. Il espérait un beau scandale, mais le grand homme ne daigna pas répondre. Alors, cinq ans plus tard, Scaliger récidiva par une nouvelle bordée d'invectives et, sur ces entrefaites, Erasme mourut. C'est là un accident qui arrive communément quand on a soixante-dix ans : Scaliger fit semblant de croire qu'il avait tué son adversaire de dépit, et étala une pompeuse douleur, – que dis -je fit semblant ? Il dut le croire bel et bien, à demi-fou de vanité comme il était, de même qu'il crut vraiment avoir assassiné Jérôme Cardan en publiant un volume in-folio contre lui et laissa paraître un éclatant chagrin lorsque le bruit que sa « victime » était morte courut à Agen. Le bruit était faux : Cardan survécut dix-huit ans à Scaliger ; joignez qu'il ne connut peut-être jamais le volume que l'autre lui avait décoché. En revanche, il semble que Scaliger ait toujours ignoré que Cardan n'était pas mort. Et tout fut ainsi pour le mieux. Telle était la fatuité de Jules-César qu'elle lui donne l'air, au moral, d'un personnage de la commedia dell'arte. Parvenir à la renommée, c'était lui faire une offense personnelle, comme si on l'eût dépouillé d'un bien qui lui appartenait, à lui seul. J'ai dit que les intellectuels de passage venaient volontiers le visiter à Lescalle, car sa science était célèbre et méritait de l'être (science, au XVIe siècle, c'est seulement érudition, je l'ai dit) et son style semblait alors admirable. Or le premier succès de ses amis marquait le début de sa haine et bientôt des avalanches d'insultes en vers et en prose leur tombaient sur la tête. Ainsi en fut-il de Rabelais, ainsi de Nostradamus et d' une foule d'autres. Le premier s'était rendu de Toulouse à Agen au temps où il faisait son tour de France universitaire , et il avait rencontré dans cette dernière ville Jean Schyron qui devait, quelques années plus tard, lui servir de pater à la Faculté de médecine de Montpellier. Quant au second, il est possible qu' une lettre de Scaliger l'eût appelé, comme j'ai dit. En tout cas, il dut se plaire à Agen, car il s'y établit tout à fait. Était-ce le charme de l'humaniste irritable et dominateur ? Était-ce celui des prunes fameuses dont on devait faire de si bonnes confitures ? N'était-ce pas plutôt celui d' une généreuse clientèle ? C'était surtout l'amour, sans doute. Car on voit qu'il y épousa une « fort honorable demoiselle », dont il eut une fille et un garçon. Si l'on en croit des traditions recueillies par ses anciens biographes, il était en fort bonne réputation dans la ville. Honoré Bouche, Provençal au nom charmant, raconte (au XVII e siècle) que les notables, ayant cru un jour apprendre que Scaliger et Nostradamus formaient le dessein de quitter leur cité, s'en vinrent les trouver et leur offrir de grands présents pour qu'ils demeurassent. Ce que les deux médecins refusèrent dignement, disant : « Si vous voulez faire des dons de ce genre, que ce soit aux malades et aux pauvres. » Cette réponse magnanime fit l'admiration de la ville, et tellement que le lendemain, comme nos deux grands hommes se promenaient ensemble en devisant, ils furent portés en triomphe par des gens qui les avaient reconnus ... Non, ne croyons pas un mot de l' anecdote d'Honoré Bouche. Scaliger, tel qu'on le connaît, n'eût pas supporté qu'un petit docteur comme Nostradamus fût traité sur le même pied que lui.

Celui-ci couvrira plus tard le sieur de Lescalle de louanges effrayantes : A Agen, dit-il, « la faculté de médecine était souverainement faite et a été ressuscitée en son plus haut degré, non pas tant seulement la médecine, mais toute philosophie platonique, depuis la venue de Julius-Caesar Scaliger, que je ne sais si son âme serait point le père de l'éloquence Cicero, en la parfaite et suprême poésie un second Maro, en la doctrine de médecine deux Galiens, de qui je me tiens plus redevable que de personnaige de ce monde. » Mais, en guise de remerciement, Scaliger lui assènera des épigrammes de ce goût :

Si Nostradamus quid pudere sit nescit ,
Quod est paratum , nec reconditum , et præsens ,
Quanam futur a notione mentitur ?

C'est un rien ! Ailleurs il parlera de « la langue insensée de cet impur vaurien », de son esprit juif et demandera à la France si elle n'est pas folle de l'écouter. Au reste, il insultera tout de même François Rabelais sous le nom de Baryœnus. C'est qu'à l'époque où Scaliger écrira ces épigrammes à coups de massue, Pantagruel et les Prophéties auront paru et remporteront un immense succès. Voilà ce qu'il ne pouvait endurer. Mais, au temps où Nostradamus vivait à Agen, l'irritable humaniste était fort loin de penser que le nom de ce petit docteur converti courrait un jour sur les lèvres des hommes. J'imagine qu'il s'en occupait peu.

En ce temps-là, un certain Philibert Sarrazin avait ouvert à Agen une école où Scaliger envoyait son fils aîné. Natif du Charolais, il avait fait ses études à Paris et enseigné à Perpignan la philosophie ; mais il donnait fort dans la Réforme. Nostradamus l' « instigua », comme il dit, des « siens premiers principes » (lesquels ? médecine ? astrologie ?)

et entretint de bons rapports avec lui. Quelle imprudence ! Sarrazin, soupçonné d'hérésie, dut bientôt quitter Agen et Scaliger en 1538 se trouva compromis à cause de lui. Nostradamus aussi, à ce qu'il paraît. L'inquisition à Toulouse ne badinait pas : un inquisiteur fut envoyé à Agen et notre homme cité à comparaître, semble-t-il. Aussi crut-il le moment venu d'aller faire un petit voyage à Bordeaux.

Il en profita pour recueillir à son ordinaire des recettes de confitures, de médicaments et de produits de beauté, sans qu'on puisse savoir, car il n'en dit rien, s'il s'intéressait aux confitures parce qu'il les jugeait salutaires ou simplement exquises au goût (auquel cas une gastronomie alors si rare devrait lui valoir de grandes sympathies); quant aux produits de beauté, il comptait sans doute en tirer ce qu'ils sont le plus propres à procurer : c'est de l'argent. Or, le croirait-on ? Il a goûté aux confitures de guignes, non seulement à Bordeaux, dans tout le Languedoc et la Guyenne, et jusqu'à la Rochelle, en Provence, en Dauphiné, en Italie même, et ce dernier pays, selon lui, était « le souverain pour ce faire »; il en a vu faire à Toulouse avec tant de soin qu'on les remet jusqu'à cinq et six fois sur le feu ; eh bien, il s'apercevra un jour que les plus belles et les meilleures sont celles qu'on fabrique à Salon, c'est-à-dire chez lui, car il sera alors remarié et établi là ! Cela lui paraît admirable ... Mais n'anticipons pas.

A Bordeaux, il nota qu'on vendait non seulement de l'ambre noir, mais du gris. A six ou sept lieues de la ville, au bord de l'Océan, les vagues en jettent parfois des morceaux sur le rivage, que les paysans ramassent et apportent aux marchands. Une fois, en cette année 1539, comme Nostradamus était dans la boutique d'un riche apothicaire nommé Léonard Bandon, en compagnie de Jean Tarraga, Charles Seninus et d' un avocat nommé Jean Treilles, arriva un paysan qui en apportait deux morceaux sous un méchant manteau noir : l'un d'eux pesait trois onces et ressemblait fort à un excrément d'animal marin, tout rond qu'il était et « tortu en estron de chien ». Les savants personnages qui étaient là se demandaient si ce n'était pas du sperme de baleine, comme le Pandectarius l'affirme, ou un fungus ; mais le paysan (il était d'un lieu nommé Castillon) leur assura que c'était l'apostème ou abcès d'un poisson marin. Tout de suite après le solstice d'hiver, en décembre, les vagues chassent hors de l'eau cet abcès (« ou plutôt graisse, car il se fond au feu ») et le déposent au rivage. Le renard, qui le sent d'une lieue et plus, vient tout courant, l'engloutit et s'en va ; mais cette matière ne fait que sortir et entrer dans son corps : il la rejette aussitôt par derrière. Tel est ce qu'on appelle l'ambre gris ou ambre renardé. Il se vend moins cher que celui que le renard n'a pas touché, étant de couleur plus pâle et plus léger, mais, quoi qu'on dise, il ne lui est guère inférieur en odeur, vertu et efficace. Et l'ambre noir est aussi bon, mais « bâtard » d' odeur au prix du gris.

Après quelque temps d'absence, je pense, Nostradamus regagna Agen, bien résolu à ne plus commettre d'imprudence quant à la foi, car c'est un fait qu'il saisit par la suite toutes les occasions de témoigner sa piété par écrit et autrement, et de désavouer les huguenots. Hélas ! un terrible malheur lui arriva : sa femme et les deux enfants qu'il en avait eus moururent … Alors le pauvre homme quitta la ville où lui étaient advenues de telles calamités. Une fois de plus il reprit la route et, cette fois, ce fut pour regagner sa Provence.

5

Vers 1543 ou 1544, peut-être avant, il était de retour dans les contrées du bas-Rhône et y roula quelque temps. A Valence des Allobroges, il connut un excellent apothicaire, dont le nom plus tard ne lui était pas resté présent à l'esprit, mais dont la science mathématique l'ébahit, quand il vit dans son cabinet ce que vit Aristippe aux rives de Syracuse ou d'ailleurs, après avoir perdu tout son bien en mer : des lignes et des quadratures, sinon une pergula d'Archimède. A Vienne, il eut l'occasion de connaître quelques personnages dignes d'une suprême louange, dont l'un était Hieronymus Montuus, docteur de l'Université de Montpellier, plus tard installé à Lyon et qui devint premier médecin de François II, et l'autre un jeune homme dont on pouvait tout attendre : Franciscus Marius. A Avignon, en revanche, il n'en allait pas de la sorte : ils étaient là plusieurs, à l'Université, qui se souciaient assez peu de ce que Jésus-Christ nous a commandé quand il a dit : Préparez-vous un trésor au Ciel, car les larrons n'y dérobent point et les banques n'y font faillite. Les médecins de ce pays-là préfèrent la richesse en ce misérable monde, qui tôt périt, à celle qui serait à jamais durable, en quoi ils sont comme Tantale : tant et tant, et pourtant ils n'ont rien ... Et Marseille n'a rien à envier à Avignon, car s'il est une ville où la médecine soit mal administrée, c'est celle-là. Les docteurs en médecine y sont pourtant gens de bien, et principalement maître Loys Serre, homme savant et docte, un second Hippocrate pour le diagnostic. Mais les apothicaires .. .

Ah ! ces apothicaires ! Ne vous fiez nulle part à eux : pour un bon, il y en a cent et mille mauvais. Les uns sont trop pauvres pour pouvoir mettre ce qu'il faut dans les médicaments ; les autres sont riches, mais avares et corrompus à ce point que, de peur de n' être payés à leur gré, ils omettront le tiers ou, si possible, la moitié de la recette ; il en est d'ignorants qui ne savent ni ne veulent rien savoir, et voilà un méchant défaut chez un apothicaire ; d'autres sont sales et malpropres et fabriquent leurs drogues déshonnêtement. Dans ses voyages en France, Nostradamus avait vu faire des choses si énormes par les apothicaires, qu'il en était venu à penser qu'il n' est pas d'art manuel où il se produise autant d'abus que dans le leur. Ceux de Marseille étaient parmi les plus mauvais : on n'oserait dire les méchancetés qu'ils commettaient en composant leurs drogues, et dans une ville où les navires apportent pourtant les médicaments simples de partout !...

Je pense que notre homme s'y trouvait à la fin de 1544, lorsque la pluie se mit à tomber de telle façon en Provence qu'on eût cru voir recommencer le Déluge. Le Rhône déborda, la Camargue devint un grand lac et partout l'inondation tendit ses miroirs au ciel obscur. Le fleuve renversa une partie des murailles d'Avignon ; les corps déterrés des cimetières flottèrent sur les eaux. C'est de là que naquit la grande peste d'Aix, qui commença le 31 mai 1546 et dura neuf mois.

Comme Avignon et Marseille, Aix était remarquable par sa saleté : « L'usage des fosses des privés n'y étant pas reçu, écrira quelqu'un un siècle plus tard, il faut aller faire ses affaires sur le toit des maisons, ce qui empeste fort les logis et même toute la ville, principalement lorsqu'il pleut, l'eau entraînant dans les rues toute cette ordure, de sorte qu'il fait fort mauvais à cheminer en ce temps-là » : à Aix il pleut comme m ..., disait le proverbe. Aussi ne faut-il pas s'étonner si la peste fit des progrès surprenants. Le Parlement se retira prudemment à Pertuis ; au reste la plupart de ses membres étaient atteints et il se trouvait réduit à une seule chambre. Des médecins s'étaient enfuis, d'autres moururent. La ville fit appel à des étrangers, dont fut Nostradamus. Astruc assure que « la communauté d'Aix le pria par une délibération solennelle de venir arrêter les progrès » de la maladie ; mais les archives de la ville ne contiennent aucune trace d'une délibération de ce genre. Au reste il n'est pas bien sûr que ç'ait été un si grand honneur pour lui, que d'avoir été ainsi mandé : en pareil cas les villes faisaient appel à tous les médecins disponibles, non établis à demeure en quelque endroit, et elles les payaient des deniers municipaux naturellement.

Cette fois, il s'agissait bien de peste. En effet, on nomma la maladie de 1546 « charbon provençal » parce que les malades se couvraient de taches et devenaient noirs comme charbons. Mais presque toutes les épidémies étaient alors ainsi nommées et passaient pour inexplicables ; les médecins eux-mêmes, tel Ambroise Paré, les considéraient comme des « manifestations de l'ire de Dieu » contre lesquelles la meilleure médication était de s'en remettre à la grâce du Christ et à l'intervention de saint Roch, de saint Prudent ou de saint Charles Borromée, sinon comme des calamités engendrées par des conjonctions fâcheuses des astres. En 1596 encore, on annoncera officiellement que l'inspection du ciel fait prévoir une recrudescence du mal. Au début du XVIIe siècle même, le bureau de santé de Sisteron interdira soudain l'entrée de la ville sous prétexte qu'on est sous l'influence d'un mauvais quartier de lune. « Aide-toi, le Ciel t'aidera » : on s'aidait. Néanmoins, persuadé de l'origine céleste et inéluctable des calamités, on se sentait plus enclin à se résigner, à désespérer ou à lutter par la seule prière, qu'à combattre le fléau avec méthode et par des moyens naturels.

Et puis quel moyen employer ? Au XIVe siècle, un Traité de l'épidémie, rédigé par les maîtres du collège des médecins de la Faculté de Paris, recommandait de se ménager tout d'abord, et, notamment, de n'abuser point des plaisirs de l'amour ; de purifier l'air par des fumigations d'ambre et de musc, ou, au moins, de bois odoriférants, comme génévrier, frêne et aloès ; d'arroser les chambres de vinaigre et d'en avaler à tous les repas, quitte à en corriger les inconvénients pour l'estomac par de la canelle ou de l'eau de mastic, qui en détruisent la malice ; d'aspirer le moins d'air possible, surtout lorsqu' on se trouve proche des malades ; et d'user d'antidotes divers, tels que l'émeraude qui préserve de tout venin quand on la porte sur soi, le grenat, la turquoise ou l'améthyste, et enfin d'avaler de l'ail, beaucoup d'ail, énormément d'ail.

Au XVI e siècle, les municipalités prenaient ainsi des mesures sages, mais, hélas ! on ne les respectait guère. Ceux qui soignaient les malades, qui les portaient ou les approchaient, devaient tenir à la main des baguettes blanches, noires ou rouges ; les médecins avaient des habits de cuir rouge ou des sortes de cagoules, ou des bonnets jaunes, ou des marques de même couleur sur leurs vêtements, voire à leurs pieds des clochettes ou cymbales, afin que pussent s'éloigner ceux qui par mégarde ne les auraient point vus d'abord. Les maisons où se trouvaient des pestiférés étaient marquées par des bottes de paille, des croix peintes, des croix de bois. Il était défendu de jeter les linges souillés dans la rivière : ils devaient être incinérés. On soldait des hommes pour monter la garde aux portes des villes et arrêter les passants suspects. On en payait d'autres pour brûler et désinfecter : parfumeurs, désaireurs, purgeurs, marrons, marqueurs, nettoyeurs, bosserands, officiers de purge, éventeurs, ainsi les nommait-on selon les pays. On interdisait les assemblées, foires, noces et jeux de toute sorte. On fermait les bourdeaux et chassait ou emprisonnait les filles communes. On commandait même de nettoyer, les rues, chose inouïe, et de curer les égouts ...

Mais tout cela, en réalité, ne se faisait guère ou ne se faisait point, et comment en eût-il été autrement, puisque beaucoup de gens, de médecins même ne voulaient point croire que la maladie s'attrapât par contagion, voyaient la cause de tout dans les conjonctions des planètes et se riaient des précautions ? En 1545, comme le roi François était campé près de Montreuil où régnait une épidémie, le duc d'Orléans, son second fils, se rendit avec d'autres jeunes seigneurs dans une maison où venaient de mourir huit personnes, et là s'amusa à renverser les lits, à se couvrir par dérision de leurs plumes, et à se montrer ainsi déguisé dans plusieurs tentes du camp. Deux heures plus tard, il était couché, délirant de fièvre, et il mourut peu après. Mais de pareils exemples ne convainquaient pas et, devant la marche du fléau, qui semblait fatale, la peur et le désespoir s'emparaient des populations, le désordre régnait partout et la mort fauchait à grands coups.

Quand Nostradamus « élu et stipendié par la cité d'Aix », arriva, les gens de tout âge étaient frappés. Les cimetières étaient si pleins qu'on ne savait plus où enterrer les morts. La plupart des malades tombaient en frénésie le second jour, et ceux-là périssaient sans que les taches noires leur vinssent, mais leurs urines étaient subtiles comme du vin blanc et, après leur décès, la moitié de leur corps était « de la couleur du ciel, rempli de sang violet ». Les autres, à qui les taches venaient, mouraient subitement en parlant, en mangeant, en buvant, « sans avoir nulle altération de bouche ». Plusieurs avaient comme des charbons ; ceux qui les avaient derrière en éprouvaient une démangeaison et réchappaient pour la plupart, tandis que tous ceux qui les avaient devant finissaient mal. Quelques-uns, peu nombreux, étaient marqués sous les oreilles (on en vit surtout au début); ceux-là vivaient six jours, très rarement sept. D'autres avaient le charbon derrière l' épaule ou devant la mamelle : il leur venait un saignement de nez violent qui ne cessait ni jour ni nuit jusqu'à leur mort. La pestilence parut moins virulente à la fin ; mais au début et au milieu, si violente et maligne était la contagion qu'à cinq pas d'un pestiféré on attrappait sa maladie, et que dis-je à cinq pas ! son seul regard suffisait à contaminer les autres, tant la ville était infectée. Chaque jour Nostradamus faisait la visite de toute la cité et jetait hors des murs les pestiférés : le lendemain il s'en trouvait plus qu'auparavant.

Parmi d' autres choses étonnantes, il se rappelait qu'étant allé visiter une femme, il l'appela à la fenêtre et elle y parut : elle était déjà occupée à coudre son linceul sur sa personne, commençant par les pieds. Quand vinrent les alabres, comme on dit en langue provençale, qui portent et inhument les pestiférés, ils trouvèrent en entrant dans la maison la femme morte et couchée au milieu de la chambre, à côté de son frère dont elle n'avait pu coudre le linceul qu'à demi. Et des choses de ce genre arrivèrent en trois ou quatre endroits.

Que faire ? Les saignées, les médicaments cordiaux, purgatifs et autres ne servaient à rien, ni même la thériaque d'Andromachus. Plusieurs affirmaient que cette peste était punition divine, car alentour de la ville, à une lieue à la ronde, tout le monde était en bonne santé. Les vivres se trouvaient en abondance et presque à vil prix, mais la mort arrivait si subitement que le père ne tenait compte de son enfant et que beaucoup abandonnaient leurs femmes et leur famille, sitôt qu'ils les voyaient frappés de la peste. D'aucuns se jetaient dans les puits, d'autres se précipitaient par leur fenêtre sur le pavé, le tout par frénésie. Les femmes enceintes avortaient et expiraient quatre jours plus tard, tandis que leur nouveau-né mourait subitement, le corps tout violet comme si le sang se fût épandu sous la peau. Bref, telle était la désolation qu'on trépassait, l'or et l'argent à la main, faute de pouvoir se faire apporter un verre d'eau. Si Nostradamus ordonnait quelque médicament, le malade mourait néanmoins, et le remède dans la bouche : ce que notre docteur attribue non à l'inefficacité de la drogue, mais au fait qu'elle était trop parcimonieusement donnée.

Aix avait pourtant l'un des meilleurs apothicaires qu'au cours de sa carrière Nostradamus ait jamais rencontré, voire celui peut-être à qui il eût décerné la palme : c'est à savoir le « pur et sincère » Joseph Turel Mercurin. En outre, notre médecin avait inventé ou connaissait une poudre de senteur » de parfaite bonté et excellence », dont l'odeur rend une suavité agréable et de longue durée, et qui chassait si bien le mauvais air que tous ceux qui en usèrent et portèrent dans la bouche furent sauvés : « devers la fin on trouva par une expérience manifeste que ceci préserva un monde de la contagion ». Hélas ! cet incomparable médicament ne se peut faire qu'une fois par an , au temps des roses !... En voici du moins la recette :

Prenez de serrature [sciure] où le rament de bois de cyprès le plus vert que vous pourrez trouver une once ; d'iris de Florence six onces ; de girofles trois dragmes ; calami odorati trois dragmes ; ligni aloès six dragmes. Faites le tout mettre en poudre, qu'il ne s'évente ; et puis prenez de roses rouges incarnées trois ou quatre cents, qui soient bien mondées, toutes fraîches, qui soient cueillies avant la rosée, et les ferez fort piler dans un mortier de marbre avec un pestel de bois ; et quand les roses seront à demi pilées, mettez-y dedans la poudre susdite, et la tournez, piler fort et en arrosant un peu de suc de roses. Et quand le tout sera bien mêlé, faites-en de petites ballotes [pilules] plates, faites-en la mode de trocis[7] ; et les faites sécher à l'ombre, car elles sont de bonne odeur.

Et notez que de cette composition se fait, après, savon muscat, poudre de cyprès, poudre de violette, pommes de senteurs, parfums, oiselets de cyprès, eaux aromatisées. Et pour rendre la composition plus excellente, y mettrez du musc et d'ambre gris selon votre pouvoir et vouloir. Que si les deux sont unis, je ne doute point que ne fassiez une odeur très souveraine et agréable. Et ledit musc et ambre gris pulvérisés et dissolus avec de suc de roses, et puis mixtionné dedans et séché à l'ombre.

Hormis la bonté et odeur que cette composition rend aux choses et compositions susdites, si est-ce que si en portiez à la bouche, en bien peu vous rendra la bouche tout le jour d'une merveilleuse odeur ; ou si la bouche était puante, ou par les dents corrompue ou par mauvaises vapeurs sortant de l'estomac, ou qui aurait quelque ulcère puante en sa personne, ou quelque cas étrange, ou, en temps de peste, en porter à la bouche souvent, ne se peut trouver odeur qui plutôt déchasse le mauvais et pestiféré air.

La peste d'Aix dura de mai 1546 à janvier 1547

7 Le Dictionnaire de Trévoux indique que trochisque est un terme de pharmacie qui désigne une composition sèche dont les ingrédients sont mis en poudre fort subtile. On l'incorpore avec quelque liqueur, la réduit en une masse dont on fait de petits pains qu'on met à sécher à l'air, dans l'ombre, en les écartant du feu. Il y a des trochisques de toute sorte : purgatifs, altératifs, apéritifs, etc.

environ, et Chavigny assure que les magistrats avaient été si satisfaits des services de Nostradamus qu'ils le retinrent trois ans au service de la cité. Mais il n' en faut rien croire : non seulement on n'a rien retrouvé dans les archives à ce sujet, mais encore quelques mois plus tard notre homme était à Lyon, fort occupé à lutter contre une épidémie encore. Laquelle ? Une peste, dit-il, mais on employait ce mot pour désigner toute sorte de maladies contagieuses. Un auteur assure qu'il ne s'agissait que de la coqueluche[8]. Mais en ce temps toute maladie était dangereuse, surtout lorsqu'on transportait le malade dans un hôpital.

On ne peut s'imaginer qu'avec peine aujourd'hui les séjours d'horreur qu'étaient jadis les hôpitaux. A la fin du XVIIIe siècle encore, à Paris même, et à l'Hôtel-Dieu, les malades étaient à ce point entassés que chacun d'eux ne pouvait disposer que de cinq mètres cubes quarante dans les plus petites salles, « ces quantités approchent beaucoup de celles où un homme ne peut pas vivre vingt-quatre heures », disait un médecin du temps. L'empereur Joseph II, ayant vu couchés côte à côte dans un même lit un mort, un malade et un agonisant, ne put s'empêcher de témoigner à Louis XV son indignation : le roi ordonna par lettres patentes en 1732, qu'il fût remédié à cette situation ; mais on ne fit rien. Sous Louis XVI, en 1786, on mettait encore six malades dans des lits faits pour en contenir trois : chacun d'eux disposait parfois d'environ vingt-trois centimètres d'espace en largeur, au plus de trente-cinq. La vermine et la gale étaient à demeure sous les draps ; non seulement les malades atteints de la petite vérole même n'étaient pas isolés, mais les chemises à peine lavées, les autres linges qui ne l'étaient pas du tout passaient de l'un à l'autre, et l'on installait l'arrivant dans les draps où le

8. M. Parker, sans référence précise.

contagieux venait de mourir. Chaque couche était garnie d'
un lit de plume et d'une paillasse. De temps en temps on
changeait l'un et l'autre. La plume était « séchée, triée et
battue », puis servait à nouveau, pleine de « miasmes ».
Quant à la paille, on la renouvelait dans les salles mêmes des
malades, au milieu d'une puanteur suffocante. Les agonisants
et ceux-là qui salissaient leurs couches malgré eux étaient
placés ensemble sur des bois de lit où la paille était
simplement amoncelée et maintenue par une alèze ; c'était sur
ce fumier aussi qu'on déposait souvent les entrants, en
attendant qu'on eût trouvé où les loger. Vers les quatre heures
du matin, on ôtait cette paille infecte pour la changer et on la
posait sur le plancher, l'odeur qui se répandait dans tout
l'hôpital était alors si affreuse qu'on la pouvait à peine
supporter. Aussi la mortalité était-elle de vingt-deux pour
cent. Les cadavres cousus dans une serpillière étaient entassés
par cinquantaines sur un chariot qui, la nuit, les menait au
cimetière de Clamard.

Si tel était l'état de l'Hôtel-Dieu de Paris en 1786 à la
veille de la Révolution, qu'on imagine ce que pouvait être
celui des hôpitaux du XVIe siècle ! Les malades couchés par
six, tête-bêche, dans de mauvais lits, forcés de se placer sur le
flanc comme les noirs dans l'entrepont des négriers,
mangeant aux mêmes écuelles malodorantes, s'abreuvant aux
mêmes pots de fer mal rincés, dévorés de puces, de punaises,
de poux sous des draps souillés de sang et de pus,
échangeant leurs haleines et leurs germes, mêlant leurs
plaintes, suant, bavant, fientant dans la même couche ; et le
plancher taché d'ordures où traînent des linges putrides, et le
défaut d'air, la puanteur ... Ce qu'il y a d'admirable, c'est qu'il
en réchappât.

A Lyon Nostradamus fut aidé dans sa lutte contre la
contagion par un apothicaire du nom de René le Pilier Vert

(Au Pilier vert était, je pense, l'enseigne de la boutique de ce René) qui faisait ses drogues en homme de bien. En revanche, il y retrouva Philibert Sarrazin, qu'il avait jadis connu à Agen, et à qui il avait enseigné ses « premiers principes », étant plus âgé que lui. Sarrazin était médecin de l'Hôtel-Dieu, l'hôpital où avait appartenu Rabelais. Il paraît que Nostradamus eut « quelques contestations » avec lui, et, en effet, quoiqu'il l'appelle « notable personnage » et vante son « incomparable savoir », on sent bien à travers les gros éloges qu'il lui décerne tout de même qu'aux autres qu'il lui gardait rancune. C'est que l'autre à Agen l'avait déjà compromis. Sarrazin faisait si peu mystère de ses opinions religieuses qu'il dut quitter Lyon. « J'ai ouï dire, écrit Nostradamus, que Phil. Sarracenus s'est retiré à Ville Franche. Illi nec invideo ; mais il me semble que, selon sa doctrine, qu'il ne devait aller là, car leur règne ne sera guère durable », on entend qu'il veut parler du règne des réformés. Et, en effet, l'autre n'y resta guère, car dès 1550, il s'était réfugié à Genève, dont il devint bourgeois en 1555 et où il mourut vingt ans plus tard.

6

La plaine de la Crau n'est certes pas ce qu'on eût appelé jadis « un site enchanteur », tout au moins dans sa partie méridionale. Le caillou y pousse plus aisément que les plantes et la poussière blanche de la Provence y tend des voiles épais et redoutables. Le canal de Craponne y a apporté la vie à l'est et à l'ouest, mais en 1547 il n'existait pas encore, et il est difficile de se représenter un pays plus sec que celui où s'élevait alors la petite ville de Salon. Elle était déjà entourée d'oliviers, car ils se plaisent dans ce terroir pauvre, et les moulins tournaient tout le jour pour tirer de leurs fruits cette huile odorante que chaque maîtresse de maison garde aujourd'hui encore dans ses dames-jeanne de terre. En revanche, pas une goutte d'eau, sinon au fond des puits et des citernes ; point de légumes, sinon à force d'arrosoirs. En 1544 l'inondation avait envahi les celliers des maisons et gâta l'huile, le vin aussi, qui se trouvaient encuvés dans des tonneaux que les eaux sales défoncèrent et cette fois les Salonois avaient trouvé que c'était trop. Mais d'ordinaire le climat était fort sain. C'est pourquoi les consuls s'inquiètèrent lorsqu'il se produisit en 1547 quelques cas d'une maladie épidémique : n'était-ce point la peste ? On fit appel à Nostradamus que ses campagnes médicales d'Aix et de Lyon avaient fait connaître, et il s'empressa d'arriver.

Or, il resta. Il se sentait las, sans doute, de courir les routes et songeait à se créer un nouveau foyer. Mais il avait d'autres raisons : ses amis, paraît -il , lui avaient moyenné un bon mariage à Salon. Il y avait là une demoiselle Anne

Ponsard, qui avait une sœur jumelle[9] et qui, dit Astruc, était de « fort bonne maison »; veuve d'un certain Jean Beaulme, elle avait du bien. Sans doute plut-elle ; et Nostradamus dut songer aussi que, pour un médecin qui n'entend pas restreindre le champ de ses opérations, Salon était situé commodément entre Marseille, Aix, Arles et Avignon. Bref, le contrat fut passé par devant maître Étienne d'Hozier, notaire dans la ville, et le mariage eut lieu peu après.

Mais il fallait une maison. Le médecin se mit en quête. Il trouva son affaire au quartier Farreiroux, dans la petite rue qui porte aujourd'hui son nom[10]. La demeure qu'il acheta (et qu'on montre encore) tenait d'une part au moulin d'Estienne Lassalle et de l'autre à la maison des hoirs de Jeannette Texier. Juste au-dessus d'elle le château du roi élevait sur la colline ses murailles et ses tours à créneaux. Elle n'était pas bien vaste, ni bien claire, car elle donnait sur une rue étroite, mais Nostradamus dut s'y trouver à son aise, lui qui depuis si longtemps n'avait connu que des auberges ou des logis de passage.

Pourtant il ne renonça pas définitivement aux voyages. Dès la fin de 1548 ou en 1549, il est à Gênes, fort en peine d'une demi-livre de laudanum, et vers le même temps sans doute à Savone, où il constate que l'apothicaire au monde qui réussit le mieux le sirop rosat laxatif, c'est messer Antonio Vigerchio, épicier de ladite ville et homme de bien, et où il fait faire pour la femme de messer Bernardo Grasso, laquelle ne devait pas tarder à devenir veuve (espérons que ce n'est pas la faute du médecin), et pour la fiancée de messer Jean Ferlin de Carmagnolle, un remède de sa composition,

9 Ou peut-être s'appelait-elle Anne Pontia Cremella ou Jumelle.

10 Le boulevard Nostradamus, qui existe aujourd'hui aussi à Salon, mène à la place de la Grippe.

fort bon pour les lentilles du visage, et qui en l'espace d' une seule nuit agissait d'une façon vraiment miraculeuse. Plusieurs fois encore, par la suite, il devait quitter Salon pour se rendre à l' appel de riches ou de puissants clients. Entre 1553 et 1556, il se rendra à Carcassonne pour y soigner l'évêque révérendissime, Mgr Amand ou Amédée de Foy, à qui il administrera à diverses reprises, et avec le plus heureux effet, une pommade de sa composition. Et d'autres personnages plus considérables encore l'appelleront. Mais il n'est plus question pour lui de courir le monde comme jadis. Toute une famille allait bientôt l'attacher à cette maison, parfumée par l'odeur des confitures qui cuisaient dans leurs bassines pendant que tournait le rouet de Mademoiselle sa femme. Il devait avoir trois filles (dont l'une entrera dans la famille des sieurs de Sève) et trois garçons. L'aîné de ceux-ci, César, né avant mars 1555, aura même quelque célébrité. Et d'abord parce qu'étant encore petit, voire au maillot, son père lui dédiera ses fameuses Centuries en lui adressant une épître liminaire, obscure à souhait. Puis parce qu'il composera, outre quelques poésies, une histoire de Provence extrêmement précieuse, car elle comporte un récit exact des événements dont l'auteur avait été témoin. César excellera à la peinture, deviendra premier consul de Salon en 1598 et, marié tard à Claire de Grignan, fille de Jean de Grignan et de Jeanne de Craponne, il mourra à Saint-Rémy, en 1628 ou 1629, de la peste. La peste joue un grand rôle dans la famille Nostradamus. Elle régnait en Provence lors de la naissance de notre héros, qui vint ainsi au monde sub signo pestilentiœ, et c'est à la soigner qu'il a gagné sa première notoriété, comme j'ai dit.

Celle-ci, à Salon, se développait de jour en jour : c'est qu'à son renom de médecin Nostradamus ajoutait maintenant celui d'astrologue. Il avait eu soin de se faire aménager sur le toit de sa maison un cabinet d'où l'on découvrait le vaste ciel et où conduisait le petit escalier tournant du logis. C'est là qu'il établissait ses horoscopes avant de prescrire ses ordonnances, car la médecine et l'astrologie faisaient bon ménage et elles étaient loin encore du temps de leur divorce.

Les savants de la Renaissance auraient sans doute souscrit à cette consultation officielle sur la peste, où la Faculté de Paris proclamait au XIVe siècle : « Nous pensons que les astres, aidés des secours de la nature, s'efforcent par leur céleste puissance de protéger la race humaine et de la guérir de ses maux, et, de concert avec le soleil, de percer l'épaisseur des nuages par la force du feu. » Marsile Fircin, Jérôme Cardan considéraient comme acquis que les vieillards doivent redouter Saturne, les jeunes hommes ressentir l'influence de Vénus et les dames éprouver les conjonctions de Mars. Ronsard ne mettait pas en doute que l'on ne pût prédire l'avenir de diverses façons[11] :

Dès longtemps les écrits des antiques Prophètes,
Les songes menaçants, les hideuses comètes,
Las ! nous avaient prédit que l' an soixante et deux
Rendroit de tous côtés les Français malheureux .

Et ailleurs :

Certainement le Ciel, marri de la ruine
D'un sceptre si gaillard, en a montré le signe ;
Depuis un an entier n'a cessé de pleurer.
On a vu la Comète ardente demeurer
Droit sur notre pays ...

11[?]Il crée même un néologisme : en-astré, « en-astré de malheur ».

Le médecin Textor mesure la gravité d'une maladie contagieuse à la « conjonction pestifère et ruineuse d'aucuns astres ou aspect malin des étoiles ». Le docteur Claude Fabri déclare que la queue d'une comète tournée vers l'Orient fait prévoir une épidémie. Et dans la seconde moitié du XVIIe siècle encore, Daniel de Foë rapportera dans son Journal de l'année de la peste (1665) qu'on avait observé aux cieux une étoile brillante devant que la maladie éclatât, mais que pour sa part il n'a accordé nulle importance à cela, « sachant que les astronomes assignent des causes naturelles à de tels phénomènes et même calculent ou prétendent calculer leurs mouvements et révolutions »...

Bref, au xvie siècle, l'astrologie n'était nullement une charlatanerie : elle était une science à laquelle presque tout le monde et les esprit les plus éminents croyaient dur comme fer. Certes, il était des gens pour refuser leur foi aux prédictions des astrologues ; mais c'est qu'ils récusaient le talent et la compétence de ceux-ci et non pas qu'ils mettaient en doute le principe. De même on peut, de nos jours, admettre que l'écriture témoigne du caractère, du tempérament de ceux qui la tracent, et constater en revanche qu'on n'est pas encore parvenu à en élucider les témoignages.

Nous avons vu qu'un des grands-pères de Nostradamus pour le moins, médecin fort notable, était astrologue : dès sa jeunesse notre homme avait reçu de lui les principes de sa science et il est à croire qu'il n'avait jamais cessé d' étudier les astres et leurs influences. En quoi, au reste, il ne faisait que son métier de médecin : n'était-il pas prescrit dans maint traité de ne composer les drogues et de ne les administrer que sous des conjonctions favorables ? La tradition rapporte qu'il se risquait à prédire l'avenir bien longtemps avant son installation à Salon. Qu'en faut-il croire ? Je ne sais. En tout cas il est vraisemblable qu'à peine arrivé il se mit à vaticiner. Désormais, et jusqu'à sa mort, il s'intitulera fièrement « médecin-astrophile » dans les documents officiels.

A vrai dire, ce nouveau métier n'allait pas sans quelques inconvénients. Certes l'Église n'interdisait pas l'astrologie, du moins en pratique ; néanmoins on peut croire que le populaire confondait un peu les astrologues avec les sorciers et, tout en les craignant, les aimait peu. Par ailleurs il ne manquait pas de bonnes gens pour juger que tous ces savants, ces humanistes, astrologues ou non, sentaient le fagot, ou du moins étaient suspects d'adopter les nouvelles manières réformées de pratiquer leur religion ; et, quant à cela, ils n'avaient ordinairement pas tort, il faut le reconnaître. Ces années 1547 et suivantes sont celles où les querelles religieuses commencent à prendre une tournure violente : or, c'étaient des nobles, des gens riches, des intellectuels, qui avaient des tendances au calvinisme ; le peuple restait papiste presque partout. Certes Nostradamus ne perdait jamais l'occasion d'affirmer qu'il était fort opposé à ces huguenots haïs du populaire. Les gens d'esprit étroit ne l'en regardaient pas moins un peu de travers. C'est tout cela qui explique sans doute pourquoi il se plaint amèrement des Salonois dès 1552, les appelant « bêtes brutes et gens barbares, ennemis mortels de bonnes lettres et de mémorable érudition ».

Avec qui pouvait-il causer avec plaisir dans cette petite ville ? Il y avait là un bon apothicaire, François Bérard, homme digne de l'âge d'or, dit-il , et qui composait les drogues à la perfection. Il y avait, sinon à Salon même, du moins aux environs (« devers nous »), écrit-il, le médecin François Valeriola, remarquable « pour sa singulière humanité, son savoir prompt et sa mémoire tenacissime ». Dans la ville même, il y avait le notaire qui l'avait marié,

Étienne d'Hozier, ancêtre des célèbres généalogistes qui devait être un peu parent de Nostradamus (peut-être par Anne Ponsard); il y avait aussi la famille Suffren ; mais il y avait surtout les Craponne. Guillaume de Craponne (ou Crapone), descendant d'une famille italienne, qui avait émigré de Pise à Montpellier en 1495, avait épousé une fille noble de Salon, Mlle Marck, munie d'une riche dot, et en 1516 il était venu habiter la ville où sa femme était née. C'est là qu'il engendra, en 1519, le fameux Adam de Craponne, « escuyer de la ville de Montpellier, habitant de la ville de Salon », comme il s'intitulait. Tout porte à croire que Nostradamus avait de bons rapports avec les Craponne ; son fils César épousera une fille dont la mère portait leur nom.

Il ne faudrait, d'ailleurs, pas croire qu'il était grave et sombre, notre astrologue. C'était un assez petit homme, de corps robuste, allègre, vigoureux, mais vif et agité comme ceux de sa race, irascible en outre, et ses yeux gris et ordinairement doux devenaient flamboyants dans la colère. Il avait « la barbe longue et épaisse » (parbleu !) le visage sévère quand il le fallait, mais ordinairement riant et plein d' humanité, les joues vermeilles et « tous les sens aigus et très entiers », y compris celui de la gourmandise sans doute, lui qui aimait tant les confitures. Plutôt taciturne avec cela, « pensant beaucoup et parlant peu », mais discourant à merveille quand il le fallait, et doué d'une mémoire admirable, il aimait la liberté de langage et se montrait volontiers joyeux, facétieux même, d'ailleurs assez mordant. On voit encore aux archives de Salon une sorte de fronton triangulaire en marbre, qui de son temps se trouvait sur une fontaine et où l'on avait gravé une inscription plaisante composée par lui, qui est ainsi conçue :

1 5 5 3

SI HUMANO INGENIO PERPETUO SAL
LONÆ CIVIB . PARARI VINA POTUISSENT
NON AMŒNUM QUEM CERNITIS FON
TEM AQUARUM S. P. Q. SALON . MAGNA
IMPENSA NON ADDUXISSET
DUCTA . N. PALAMEDE MARC
O ET ANTON . PAULO COSS .

M. NOSTRADAMUS
DIIS IMMORTALIB .

OB SALONENSES
M. D. LIII .

Car c'était sa spécialité, les inscriptions, et ses compatriotes recouraient volontiers au talent qu'il avait de les composer. La tradition – encore ! – rapporte qu'il possédait une maison à Mouriès, près de Marseille, sur la façade de laquelle il avait inscrit ces trois mots :

SOLI SOLI SOLI

Qu'est-ce à dire ? Au seul (en prenant soli pour le datif de solus) soleil de la terre (solum) ? Plus habile que moi qui saura traduire. Nostradamus aimait les énigmes.

« Patient au travail », d'ailleurs, notre homme ne dormait guère que quatre ou cinq heures par nuit. C'est qu'il faut veiller pour observer les astres. Il passait beaucoup de temps à ses calculs, car ses horoscopes et prédictions avaient de plus en plus de succès. Aussi, en 1550, se risqua-t-il à publier un almanach, une « pronostication », comme on disait. Ces petits livrets populaires qu'on vendait aux foires et que déjà les colporteurs répandaient avaient en ce temps-là un public immense, et c'est pour les railler en même temps que pour profiter de leur vogue que Rabelais, fort pressé d'argent, composa la Pantragrueline Pronostication et plusieurs autres opuscules du même genre aujourd'hui perdus.

Ces premiers almanachs de Nostradamus le sont aussi et il n'y a pas à s'en étonner. Personne, avant le romantisme, n'éprouvait la moindre curiosité du peuple, de ses mœurs et de sa littérature, et la bibliomanie n'était pas encore inventée. C'est pourquoi ce qu'il y a de plus rare aujourd'hui, ce sont les ouvrages populaires. Ces antiques livrets de colportage, tirés à très grand nombre , mais sur du mauvais papier, se détruisaient vite, car on les soignait peu, et durant des siècles les bibliophiles n'ont pas songé à les garder. On sait que les premières parties du grand roman de Rabelais s'adressaient à ce grand public populaire, et personne, ni leur auteur, ne les regardait comme de la « littérature » : c'est pourquoi plusieurs de leurs éditions les plus anciennes ne sont plus représentées que par un seul et unique exemplaire sauvé par miracle, et il se peut que certaines d'entre elles aient entièrement péri. De même les almanachs de Nostradamus.

Celui de 1550 ayant eu du succès, l'auteur voulut exploiter ce filon et en publia par la suite et jusqu'à sa mort au moins un chaque année, mais on n'en a retrouvé qu'une demi-douzaine[12]. Du moins une procuration qu'il donnait à maître Antoine de Royer, dit Lizerot, imprimeur à Lyon, nous a été conservée. Elle avait pour objet de permettre à Lizerot de retirer des mains de Bertot dit La Bourgogne, imprimeur, la Pronostication pour l'année 1554. Nostradamus avait

12꠆ Voir la bibliographie sommaire, à la fin de ce volume.

envoyé son manuscrit par courrier à pied pour qu'on l'imprimât telle qu'elle était écrite, mais l'imprimeur en avait fait une « copie corrompue et mutilée , tellement que l'on jugeroit la matière estre inepte et facile à homme ignare, ce qui porteroit un tort grave à l' auteur » : en conséquence de quoi Nostradamus charge son mandataire d'imprimer textuellement ladite pronostication et de se faire remettre par Bertot ses Éphémérides en françois, si celui-ci ne les a pas livrés à sire Jaume Paul, marchand de Salon, à qui il avait donné commission de les réclamer.

7

Cependant la médecine, quand on est suffisamment connu, et les livrets populaires, quand ils se vendent, tout cela rapporte de l'argent et Nostradamus ne devait pas être à plaindre : on voit au reste qu'il établit fort bien ses enfants. En 1552, il eut l'idée d'augmenter ses ressources en publiant enfin les fruits de ses longues recherches chez les apothicaires et ailleurs sur l' art d' « embellir la face » et sur celui de fabriquer les confitures. Les « produits de beauté », comme nous disons, ont de tous temps intéressé un très grand nombre de gens et les recettes de confitures aussi.

C'est, paraît-il, « à la requeste d'une grande princesse » qu'il ne désigne pas autrement, et « par moyen de sa très illustre magnificence », qu'il composa et publia son livre. Peut-être cette princesse était-elle une dame d'un certain âge et qui ne se souciait pas de révéler son intense curiosité des produits de beauté, car il ne lui dédia pas l'ouvrage, mais il en adressa l'épître liminaire à son compère et confrère le médecin Valeriola, moins suspect, évidemment, d'user de « fardements ». Elle est datée de Saint-Rémy en Provence le 1 er avril 1552 ; toutefois, il y dit formellement que le volume a été composé à Salon de Crau.

Au total, l'ouvrage est plus remarquable par la compétence qu'il manifeste que par son style. La langue de son auteur est un véritable charabia et n'a rien à voir avec le bon et clair langage d'un Rabelais, d'un Lemaire de Belges ou d'un Calvin. Est-ce donc que Nostradamus parlait mieux latin ou provençal que français ? C' est probable. Quoi qu'il en soit, les phrases mal bâties et enchevêtrées, les tournures vicieuses dont il use, bref l'obscurité naturelle de sa prose ouvrent de singulières perspectives sur celle de ses vers prophétiques dont nous aurons à parler en étudiant les Centuries. Il est évident qu'il a voulu être sybillin dans ses prédictions ; mais, s'il a si parfaitement réussi à l'être, on se demande si ce n'a pas été quelquefois sans le faire exprès.

Notons tout de suite que, malgré son pauvre style, le Traité des fardements eut du succès, car il fut réimprimé dès 1555 (il le fut plusieurs fois par la suite) sous ce titre qui assurément dit tout ce qu'il veut dire : Excellent et moult utile opuscule à tous nécessaire, qui désirent avoir connoissance de plusieurs exquises recep tes, divisé en deux parties. La première traicte de diverses façons de fardemens et senteurs pour illustrer et embellir la face. La seconde nous monstre la façon et manière de faire confitures de plusieurs sortes, tant en miel que sucre et vin cuict, le tout mis par chapitres, comme est faict ample mention sur la table. Nouvellement composé par Maistre Michel de Nostredame, docteur en médecine de la ville de Salon de Craux en Provence, et de nouveau mis en lumière.

Quant aux recettes de beauté et autres, il en était de bien des sortes. Voici seulement, à titre d'exemple, celle du sublimé propre à préserver et blanchir le visage, à maintenir la beauté des dames jusqu'à l'âge de soixante ans, pourvu qu'elles en usent bien et duement, et à changer Hécube en Hélène, chose bien utile, puisque, comme chacun sait, « toute femme, même celle qui fait souvent enfants, se déchet tous les ans de cinq pour cent, comme fait la cassia fistula, pour bon temps qu'elle ait ». Il est deux manières de préparer ce merveilleux sublimé ; je donnerai seulement la seconde, qui plus tôt faite, quoique aussi bonne que la première , pourra peut-être servir à quelque lecteur (qui sait ?), car elle est souveraine pour blanchir « le cuir d'un personnage de trente-cinq ou quarante ans »; il suffit de l'appliquer un demi-quart d'heure, pour qu'on voie apparaître « une face demi-angélique », sans que ceux-là même qui se connaissent le mieux en visages fardés puissent la déceler ; et, pour tout dire, c'est de cette recette-là qu'usait Lays la Corinthienne, « qui fut la suprême beauté de Thèbes ». Bref « s'ensuyt la composition » :

Prenés quatre petits lymons, et les partés en quatre parts, et y mettés dedans du vif argent à chacune pièce le poix d'un escu, ou environ : et puis faites le distiller par alambic de verre, ou si n'avés la commodité d'avoir un alambic de verre, mettés le tout haché menu avec un couteau de boys dens une fiole de verre, et que ne soit que à demy pleine : puis mettés la fiolle dans un autre rosère alambic qui soit ensevelie jusques à demy aux cendres passées par un sac, pour cause qui ne se rompe. Puis faites bon feu et recevrés l'eau qui distillera dans un autre fiolle : et la garderés à part : et prendrés du sublimé qui soit bon, qui soit composé à peu de sel le poix de quatre onces du vif argent bon et net le poix d'un escu, et mettrés ledit sublimé et vif argent dans un mortier de marbre, pillon et spatule de bois, et broierés fort dans le mortier jusques à ce qu'il soit bien subtil : et prendrés de ladite eau et arrouserés peu à peu ledit sublimé presque par l'espace d'un jour, jusques à ce qu'il soit parfaitement blanc : et le pourrés remettre quelque jour au soleil pour luy aider à sa blancheur, et quand il sera bien blanc, faites-le dissouldre dans l'eau de fontaine : et le ferés bouillir dans un pot de terre neuf envernissé quatre ébullitions : et puis le laissés refroidir, et la gettés et faites cela quatre fois : à la dernière fois prendrés de céruse de Venise demy livre, et pastés-la avec six blancz d'œufs, et enveloppés-la dans trois petites pièces de linge bien blanc, qui soit rare comme d'estamine : et puis liésla et faites-la bouillir dans quelque vaisseau de terre tout neuf : et tant qu'il bouillira qu'il fera une escume, faites-la cuillir avec une pleume blanche, ou avecques une cuiller d'argent : et tant que pourrés cuillir de l'escume mettés dans la fiolle où est la première eau du lymon : et mettrés vostre sublimé qui sera bouilli tout ensemble : et faites qu'il n'y soit point demeuré de l'eau où il a esté bouilli : et meslerés le tout ensemble : et quand en voudrés mettre au visaige, remuerés fort la fiolle, et avec un petit drappeau moullié en laverés le visaige le matin avant sortir hors la maison ; et ceux et celles qui ont le visaige rouge ou coupperosé, tant rouge que ce soit, dans peu de jours deviendra en perfaite blancheur naturelle, déchassant le mauvais sang, en subtiliant la peau tant perfaitement, et dure huict jours complits en un mesme estat, sans gaster ne blesser aucunement partie du corps, mais conservant la face en une perfaite union : que quand on auroit fait et cherché tout le monde, l'on ne sçauroit trouver fard comparable à cestuy-cy, ormis le talk, que par sa faction le corps humain est conservé en celle beauté immuable que par l'heure il est commencé ...

Parmi les autres recettes , il en est deux pour rendre l'haleine douce et souefve et nettoyer les dents en les blanchissant, même celles qui sont fort pourries, corrompues et pleines d'une antique « rouillure ». D'autres produits sont propres à rendre blanche une femme « brune »; ou, tel le Lait virginal, à éclaircir le teint et ôter les taches de peau. Il en est qui font les cheveulx « blonds comme un fillet d'or », fussent-ils noirs par nature ou blancs ; d' autres qui font « les cheveux de la barbe noirs pour blancz qu'ilz soient ». Il y a un savon à adoucir les mains, un autre pour la barbe, un autre qui la noircit. Il y a plusieurs recettes de pommes de senteur, parmi lesquelles Nostradamus en recommande une qu'il a combinée avec amour, en faisant ce que faisait Zeuxis d'Héraclée quand, après avoir imaginé plusieurs jeunes vierges dans sa tête, il prit ce que chacune avait de mieux : à l'une le nez, à l'autre la bouche, à une troisième les joues, et peignit ainsi une femme qui dépassait Hélène en beauté ; ainsi fit Nostradamus lui-même en rassemblant les drogues les plus odorantes et en les malaxant longuement ; encore eut-il soin de rejeter les parfums trop forts et pénétrants, qui donnent mal à la tête et font « esmouvoir aux femmes leur matrice ». Il y a une huile de senteur aussi, si efficace « qu'une seule goutte, plus ou moins, mise dans la matrice de la femme stérile lui vient à échauffer et adapter la matrice par telle façon qu'elle indubitablement vient être enceinte par peu de vertu que l'homme aie »; d'ailleurs, il suffit d' en mettre un peu sur le « ballane » pour donner « vertu non pareille à l'homme vieulx et impotent à l'acte vénérée ». Il y a le poculum amatorium ad Venerem duquel usoient les anciens au fait d'amour », inventé par Médée et que les Grecs appelaient philtre. Ce breuvage était tel que, quand une personne en avait fait passer un peu de sa bouche dans celle d'une autre , la seconde périssait du mal d'amour, si elle ne jouissait de la première : telle fut la mort du poète Lucrèce.

Ceste beuvande a tant de vertu et d' efficace que, si un homme en avoit un peu à la bouche et, durant qu'il la tient à la bouche en baisant une femme, ou femme luy, et se jetant de cecy meslé avec la salive et luy en mettant dans la bouche, cela tout soudain luy cause un feu, non point feu fébricitant, n'aiant ne soif ne chaud, mais le cœur luy brusle d' accomplir l'effect amoureux, et non point en autre sinon que à celuy ou celle qui luy donne le baiser, luy jettant dans la bouche ; et l'amour à ces deux demeure tant longuement et inviolable, que l'un et l'autre ne peut durer sans estre ensemble. Et si on venoit séparer l'amour (tel amour quelquefoys par lors que la grand servente amour estoit convertie en fureur), lors l'on estoit constreint de faire l'Amuletum Veneris, que nous disons Bren d' amours , avec l'oyson que nous disons cau da trémula, qui n'apparoist que l'hyver ; plusieurs qui usoient de la sainte magie le savoient faire.

Gardez-vous d'employer à mauvaise fin ce puissant philtre et de le conserver longtemps sur votre langue ; portez-le dans une petite fiole de verre et lorsque vous serez auprès de la personne que vous voulez qui vous aime, usez-en comme il est dit ... Mais il est temps de donner la recette ; la voici :

Il suffit de cueillir trois pommes de mandragore au soleil levant, de les envelopper dans des feuilles de verveine et de la « racine de molly herbe », et de les laisser exposées au serein jusqu'au lendemain matin. Ensuite vous prenez le poids de six grains de lapis magneticus ou pierre d'aimant ; vous la pulvérisez sur le marbre et l'arrosez quelque peu du suc de vos pommes de mandragore. Puis vous recueillez le sang de sept passereaux mâles, mais saignés par l'aile gauche ; attention ! Joignez le poids de cinquante-sept grains d'orge d'ambre gris ; celui de sept grains de musc ; celui de trois cent soixante dix-sept grains d'orge du dedans de la meilleure canelle que vous trouverez ; celui de trois deniers de giroflée et de bois d'aloès ; un œillet de chaque branche du poisson appelé poulpe, que vous ferez confire dans le poids de vingt et un grains de miel ; le poids de cinq cent grains de racina apurisus ; ajoutez du vin de Crète, le double du poids de tout ce qui précède, et enfin le poids de sept cent grains de sucre finissime, qui font un peu plus d'une once. Après avoir bien pulvérisé et macéré tout cela dans un mortier de marbre avec un pestel de bois, vous le cueillez dans une cuiller d'argent, le déposez dans un vase de verre (sic) et le faites bouillir sur le feu jusqu'à tant que le sucre soit en sirop ou julep. Enfin vous l'exprimez ou pressez très soigneusement et le rangez dans un vaisseau de verre, d'argent ou d'or. Et, quand vous voulez vous en servir, mettez-en dans votre bouche gros comme le poids d' un demi-écu ... C'est bien simple !

Ayant ainsi expliqué ses précieux « fardemens » et « senteurs », Nostradamus passe aux confitures. Il ne rougissait pas de s'être intéressé à leur confection et de les avoir fait faire en sa présence, en diverses régions. Les meilleures selon lui étaient celles du Levant et de Valence, mais celles de Venise et de Gênes étaient presque aussi bonnes. « Possible, dit-il à peu près, qu'il y aura quelque bavard incapable de m'imiter et coutumier de médire, qui dira que tout ceci n'est pas grand cas. Je le confesse. Mais au moins je serai celui qui, en cette matière, aura montré le passage et coupé la glace. D'ailleurs tout le monde n'aurait pas la compétence nécessaire pour écrire mon petit traité, et bien des gens seront aises de savoir, grâce à lui, faire diverses confitures »... Certes ! Et louons-le du zèle gastronomique qu'il a montré, gastronomique, dis-je, et non médical puisqu' il ne nous entretient pas de la salubrité de ces fruits confits. Aussi ne doit-on pas omettre, en lisant la liste qui suit, de humer en pensée la bonne odeur qui devait à certains jours s'échapper des bassines d'Anne Ponsard et embaumer la petite maison de Salon.

Premièrement on confit au XVIe siècle l'écorce ou la chair de citron avec le sucre ». Puis « la chair de courdes que l'on nomme cocordat ou carabassat, qui est une confiture réfrigérative, qui refraischit et est de bon goût ». Puis « l'orangeat » au sucre ou au miel. Puis les oranges, et de telle manière qu'elles soient aussi bonnes à manger au bout d'un jour que si elles avaient trempé durant deux semaines. Puis les noix, et sans miel ni sucre. Puis les laitues. Puis les guignes ou argyrotes que les Italiens appellent amarènes, et soit en morceaux, soit en gelée. Puis le gingembre, propre aux femmes froides, qui ne peuvent concevoir, mais plus encore aux hommes incapables d'accomplir le devoir de nature. Puis les amandes. Puis les coings en quartiers, en gelée ou en cotignac. Puis les petits limons et oranges encore verts (ce que nous nommons chinois, je pense). Puis l'écorce de buglosse que les Espagnols appellent lengua bovina ; c'est une confiture cordiale, qui préserve de devenir hétique ou hydropicque et tient joyeux et allègre, chasse toute mélancolie, rajeunit l'homme, retarde la vieillesse, fait bonne couleur au visage, préserve le cholérique. Puis les poires. Puis les pignons de pin, de la manière qui s'appelait « pignolat en roche ». Enfin le maître enseigne l'art de faire « le vin cuit que Marcus Varro nomme defrutum, et c'est pour faire confitures en forme liquide »; du sucre candit très beau ; les « penites » ou « sucre panys » (c'est ce que l'on voit étirer longuement dans les foires d'à présent); la tarte de massepain et le sirop rosat laxatif.

Or les fruits si longuement trempés, puis cuits et recuits, comme le recommande Nostradamus, cela laisse à craindre que les confitures du XVIe siècle ne valussent pas celles de nos bonnes cuisinières, mais les procédés n'ont pas, en somme, extrêmement changé. Sauf erreur, nous ne confisons plus les petites laitues ; mais c'est qu'il ne s'agit pas ici des feuilles : c'est seulement la tige cueillie lorsque la plante est « en graine », que le maître recommande de prendre, et même la moelle seule de la tige, « qui est de la grosseur du doigt indice et de la longueur de tout le doigt ». Cette moelle, il veut qu'on la fasse bouillir en eau de fontaine jusqu'à tant qu'elle soit devenue mollette, ce qu'on reconnaît à la facilité qu'on a d'y faire entrer une épingle. Alors on la retire avec une « cuiller percée » ou passoire, la jette dans l'eau froide pour la raffermir quelque peu, l'égoutte et la laisse sécher sur un linge blanc. Enfin on la fait cuire avec son poids de sucre et d'eau.

Les confitures de petits limons et oranges nouveaux, encore verts, Nostradamus nous en donne la recette con amore ; on sent qu'il avait pour elles une dilection particulière. On y joignait des « petits brots ou getons tendres » que l'arbre produit chaque année au renouveau, et que l'on faisait tremper quatre jours (les oranges et limons, neuf), en changeant l'eau quotidiennement. Ensuite on mettait les fruits à bouillir, non sans avoir soin de jeter à la première ébullition une poignée de sel dans la bassine pour ôter l'amertume ; quant aux tendres getons, on ne les mettait qu'à la fin, de manière qu'ils ne fussent « pourris de cuire ». Enfin, dit Nostradamus, « quand le tout sera proportionnément cuit selon qu'il appartiendra, lors vous les ôterez gentiment du feu », ferez refroidir les fruits dans l'eau froide, les égoutterez, sécherez et rangerez dans un vase de verre ou de terre bien vernissée. Quant au sucre (car on le traite à part), on le mettra à cuire jusqu'à tant qu'il soit en sirop et, une fois complètement refroidi, on le versera sur les fruits et l'on recouvrira les pots de parchemin. Mais deux jours plus tard, on le remettra au feu de nouveau dans une « pouale » ou poêle, puis on le reversera sur les fruits. Et cinq ou six jours plus tard on recommencera la même opération. Enfin, la confiture parachevée, « faites-la mettre dans des vases de terre qui soient bas, qu'ils n'aient pas plus de hauteur que deux travers de doigt, pour ce que toute la sorte de confiture se voie et que, en la prenant, elle ne se dépièce comme en ces pots de Valence d'Espagne ou de ceux qui se font de la terre de Sicile, ou en autre vase tel que bon vous semblera ».

Encore une recette pour finir, car ce serait une trahison que de passer sous silence cette gelée de guignes , « aussi claire et vermeille comme un fin rubis », qu'on faisait « sans y rien ajouter que le fruit » et que, pour leur bonté, saveur et vertu excellentes, l'auteur estimait dignes d'être présentées devant les rois ; qu'au reste il préférait lui-même à toutes les autres, on le sent.

Prenez des guignes, des plus belles et des plus mûres qui se pourront trouver , la quantité que vous voudrez, et ôtez le pied [la queue], et les mettez dessus un tamis ou sac à passer la farine : et y mettrez dessous une terrine de terre : car il ne faut pas que le vase qui reçoit ce qui passe soit cuivre, airain, ni étain, pour ce que tels vases corromproient la bonté et la couleur du suc ; et que au dedans dudit vase il y ait du sucre pulvérisé, selon la quantité que vous en voudrez faire : car il faut nécessairement que le sucre y soit, pour cause que , si le suc tombait dans la terrine tout seul, il se viendroit à tourner et congeler et ne vaudroit rien ; mais ainsi le sucre le prend et vient acquérir la saveur et couleur.

Donc quand le tout sera bien passé qu'il n'y sera demeuré que les os et les écorces, vous verserez le tout incontinent dans une poêle sur le feu et le ferez bouillir, et incontinent qu'il commencera à lever l'écume, vous l'ôterez studieusement avec une cuillère percée tant qu'il n'y demeure rien de l'écume.

Et notez que pour faire la gelée qui soit belle et bonne en toute perfection, faut mettre petite quantité de sucre, et grande abondance de guignes, à cette fin qu'elles se congèlent plus facilement, et le cuirez à petit feu de charbon ; et faites que le feu soit toujours au milieu de la poêle : pour cause que ne se brûle ; et lui donnerez sa cuite comme il appartiendra.

C'est assavoir quand vous en prendrez un peu avec une spatule ou cuillère d'argent, et le mettrez dessus un quadret ou autre vaisseau d'estain, et si se tient tout rond sans tomber ne çà ne là, lors il sera cuit ; et donnez-vous garde aussi qu'il ne cuise par trop, car il vaut mieux que la gelée soit un peu verte que trop cuite : car en la conservant le sucre la dessèche. Et cuite qu'elle soit, vous la mettrez dans de petits vases de verre bas, qu'ilz ne soient guère profonds ; et les laisserez refroidir, que si après vous regardez à la clarté, au soleil, ou à la lumière, vous le trouverez tant beau comme un rubis. Et si vous en mettez à la bouche, cela vous donne un goût non pareil et une saveur tant amiable que confiture que vous ayez jamais goûté. Mais si les guignes ne sont assez mûres qu'elles soient vertes ni peu ni prou, elle sera tant aigre qu'elle vous causera stupéfaction aux dents, et en lieu d'être confiture amiable, elle se rendra insipide ...

Moralité : de nos jours n'essayez pas de faire de la confiture de guignes à Paris, puisqu'il est impossible, à quelque prix que ce soit, de trouver un fruit mûr dans cette triste ville, hormis ceux qui mûrissent tout seuls dans les armoires.

8

Donc, les almanachs se vendent admirablement, l'opuscule des fardements, senteurs et confitures fort bien aussi et la clientèle afflue auprès du médecin-astrophile : Nostradamus commence d'être célèbre. Aussi n'est-il pas d'événement d'apparence sur lequel on ne le consulte et dont on ne lui demande ce qu'il présage. En 1554 on lui apporte ainsi un enfant à deux têtes, né au village de Senas, puis un chevreau non moins bicéphale, né à celui d'Auroux, aux portes de Salon, et il déclare au gouverneur de Provence qu'il y faut voir l'augure de la guerre de religion qui ne va pas tarder à s'élever comme un monstre à la double gueule[13]. C'est que dans le pays qu'il habite les dissensions commencent à s'envenimer : le mépris des huguenots plus ou moins avoués pour le peuple papiste allume ses colères et l'on peut croire que les cordeliers du couvent ne font rien pour la calmer. Bien des gens, sans doute, regardent d'un œil inquiet et malveillant la maison de l'astrologue faiseur de drogues, car encore qu'il n'y ait pas plus fidèle que Nostradamus aux offices et plus attaché à fréquenter les sacrements, beaucoup ne peuvent s'empêcher de le considérer comme un luthérien secret.

A vrai dire, si l'on jetait un coup d'œil indiscret dans le laboratoire-observatoire où il passe les nuits à ses « nocturnes et prophétiques supputations », il n'est pas certain qu'on n'y trouverait pas autre chose que les lunettes, l'astrolabe, le sablier, la sphère armillaire de l'astrologue, les mortiers, pilons, bocaux, pots et balances du faiseur de

13⎯ Du moins à ce que rapporte H. Bouche

drogues, auprès de l'écritoire et de la bibliothèque du savant
Si ses livres sont « mal couverts et mal vestus », ils sont du
moins nombreux et souvent feuilletés. On y voit un Cœlius
Calcagninus, un Lucain, Tite-Live in-folio, un « grand et vieil
Martial commenté », un précieux recueil manuscrit des lettres
du roi René et une foule d'autres ouvrages qui passeront au
XVIIe siècle dans l'armoire aux bouquins du savant Peiresc.
Mais ne trouve-t-on point aussi, dans ce cabinet de
Nostradamus, la baguette divinatoire, l'autel aux pentacles ou
étoiles à cinq branches, la fontaine, le miroir magique, les
bassins et autres ustensiles du magicien ? Car durant cette
année 1554 il achève ses Prophéties qu'il va publier en 1555.
Et comment donc les établit-il ? C'est le moment de nous le
demander.

Or, il nous l'a dit lui-même. Il les établit
astrologiquement, c'est-à-dire par une série de calculs très
compliqués, fondés sur les positions relatives des astres à des
époques données : ce sont des horoscopes. Bon ! Mais est-ce là
son seul procédé ? Ouvrons son fameux livre de prophéties :
dès le début, dans l'épître liminaire à son fils César , nous y
trouvons ceci :

« Il n'est possible te laisser par écrit ce que seroit par
l'injure du temps oblitéré, car la parole héréditaire de l'occulte
prédiction sera dans mon estomac intercluse », autrement
dit : « Il n'est pas possible de te laisser mon secret par écrit,
car il serait détruit par l'injure du temps, et le don de
prédiction que je possède héréditairement périra avec moi. »
Pour comprendre cet héréditairement, il faut savoir que
Nostradamus se glorifiait de ce que sa famille fût issue de la
tribu d'Issachar, l'un des douze fils de Jacob, tribu dont il est
dit dans les Paralipomènes (1. 1, c. 1 2, vers. 32) que ses
membres auront le pouvoir de prédire l'avenir : « ... de filiis
quoque Issachar, viri eruditi qui noverunt singula tempora. »

Ainsi notre homme déclare qu'il prophétise non seulement scientifiquement, en quelque sorte, et d'après les astres, mais aussi en vertu d'un don qui lui est propre, qu'il a hérité de ses ancêtres et qui finira avec lui. Cela nous est corroboré par divers autres passages de ses deux préfaces :

« Soli numine divino afflati praesagiunt et spiritu prophetico particularia » (ceux-là seuls qui sont inspirés par la divinité prédisent les faits particuliers avec un esprit prophétique), dit-il d'abord. Plus loin il déclare que sans l'inspiration de Dieu on ne peut avoir une parfaite connaissance des causes, puisque toute inspiration prophétique reçoit son principal principe du Créateur d'abord et ensuite de l'occasion et de la nature[14]. Plus loin encore il parle de « l'astrologie judicielle, par laquelle et moyennant inspiration et révélation divine avons nos prophéties rédigé par écrit ». Plus loin toujours il dit que « les choses qui doivent advenir se peuvent prophétiser par les nocturnes et célestes lumières [les astres] et par l'esprit de prophétie ». Enfin il assure qu'on reçoit parfois d'occultes prédictions par le subtil esprit du feu, pendant qu'on contemple le plus haut des astres et que l'entendement s'agite et devient vigilant aux paroles surtout, les surprend et les note par écrit[15].

14⯑ «La parfaite des causes notice (comprenez : la parfaite notice ou connaissance des causes) ne se peut acquérir sans cette divine inspiration, vu que toute inspiration prophétique reçoit prenant son principal principe mouvant de Dieu le créateur, puis de l' heur et nature. »

15⯑ « Quant aux occultes vaticinations qu'on vient à recevoir par le subtil esprit du feu, qui quelquefois par l'entendement agité, contemplant le plus haut des astres, comme étant vigilant mesme qu'aux prononciations, estant surpris écrits, prononçant sans contrainte, moins atteint d'inverecunde loquacité ; mais quoi ! tout

De même, dans sa seconde préface, l'Épître à Henri II, il parle de ses « nocturnes et prophétiques supputations composées plutôt d'un naturel instinct accompagné d'une fureur prophétique, que par règle de poésie », et ces mots peuvent, à vrai dire, se rapporter à la forme des Centuries qui sont rédigées en vers plutôt qu'à la vaticination même, mais il ajoute aussitôt « et la plupart composé et accordé à la calculation astronomique », ce qui veut dire que toutes ne le sont pas, sauf erreur. Plus loin il écrit encore qu'il présage à la fois par son instinct naturel héréditaire et par ses longs calculs astrologiques[16].

Bref, il ne se donne pas pour un astrologue pur, mais pour un voyant aussi, qui complète par un don de prophétie héréditaire ce que lui révèlent ses calculs. Et c'est un point très important.

Bien mieux, on peut croire que Nostradamus recourt à la magie : La raison pure, dit-il, dans l'Épître à César, ne peut pénétrer l'occulte, sinon « par la voix faite au limbe moyennant l' exigüe flamme » etc. (nous verrons tout à l'heure ce que c'est là : pour le moment il suffit de savoir qu'il s'agit d'une opération magique). Mais ne t'adonne pas à cette magie réprouvée par l'Église ... Et encore que cette branche de la philosophie occulte ne fût pas interdite, je n'ai pas voulu divulguer ses moyens de persuasion irrésistible, quoique j'aie découvert des ouvrages qui étaient restés ignorés durant de longs siècles. Après lecture, je les ai brûlés et la flamme qui

procédoit de la puissance divine du grand Dieu éternel de qui toute bonté procède. »

[16] « Pour mon naturel instinct, qui m'a été donné par mes avites, ne cuidant présager, et ajoutant et accordant icelui naturel instinct avec ma longue supputation vrai. »

les consumait était aussi claire que le feu de la foudre et illuminait la maison comme dans un incendie[17].

A vrai dire, si ce texte prouve que Nostradamus s'était intéressé à la magie, il ne prouve pas qu'il s'y était livré pour obtenir la connaissance des choses futures ; il proteste, au contraire, qu'il ne l'a pas fait. Mais, dans l'Épître à Henri II, il déclare qu'une partie de ses prophéties a été faite tripode œneo, par ou sur le trépied d'airain. Rappelons-nous ce trépied et lisons maintenant les deux quatrains par lesquels débute le volume des Prophéties :

Étant assis de nuit secret étude ,
Seul, reposé sur la selle d' airain :
Flamme exigüe sortant de solitude
Fait prospérer ce qui n'est à croire vain.

La verge en main, mise au milieu de Branches,

17⸱ Voici son jargon : « Car l'entendement créé intellectuellement ne peut voir occultement, sinon par la voix faite au limbe moyennant la exigüe flamme, en laquelle partie les causes futures se viendront à incliner. Et aussi, mon fils, je te supplie que tu ne veuilles employer ton entendement à telles rêveries et vanités qui sèchent les corps et mettent à perdition l'âme, donnant trouble au faible sens, même la vanité de la plus qu'exécrable magie réprouvée jadis par les sacrées Écritures et par les divins canons (...). Et, combien que celle occulte philosophie ne fusse réprouvée, n'ay oncque voulu présenter leurs effrénées persuasions, combien que plusieurs volumes qui ont été cachés par de longs siècles me sont été manifestés. Mais doutant ce qui adviendrait, en ai fait après lecture présent à Vulcan, que, cependant qu'il les venait à dévorer, la flamme léchant l'air rendait une clarté insolite, plus claire que naturelle flamme, comme lumière de feu de clystre [foudre] fulgurant, illuminant subtil la maison, comme si elle fût été en subite conflagration.

De l'onde il mouille et le limbe et le pied :
Un peur et voix frémissent par les manches.
Splendeur divine. Le divin près s'assied.

Qu'est-à dire ? Selon la tradition grecque, Branchus était un jeune homme qui plut à Apollon et en reçut le don de prophétie ; il avait un temple à Milet. D'autre part, on a longtemps attribué à Jamblique, philosophe qui vivait au ive siècle après Jésus-Christ un célèbre traité, intitulé le Livre des Mystères égyptiens ou réponse à l'Épître de Porphyre à Anebon, qui fut traduit en latin par Marsile Ficin en 1497 et que Nostradamus, par conséquent, put connaître. En français les passages de cet ouvrage qui nous intéressent doivent se tourner ainsi[18].

La Sybille de Delphes recevait le dieu de deux manières, soit par un certain esprit subtil et igné qui se précipitait sur quelqu'un hors de la bouche d'un certain autre,

18�# Sibylla in Delphis duobus modis suscipiebat deum, vel per spiritum quemdam tenuem igneumque, qui erumpebat alicui ex ore antri cujusdam, vel sedens in adyto super sedem æneam, habentem très aut quatuor pedes, et deo dicatam, et utrobique exponebat se spiritui divino, unde radio divini ignis illustrabatur ...

Foemina quinetiam in Brancis fatidice, vel sedet in axe, vel manu tenet virgam ab aliquo deo datam, vel pedes, aut limbum tingit in aqua, vel ex aqua quadam vaporem haurit et his modis impletur splendore divino, deumque nacta vaticinatur. Nam ex his omnibus fit accommodata deo, quem extrinsecus accipit ...

Porphyrius ait non esse contemnendam artem quæ, excertis vaporibus ad ignem sub opportunis stellarum influxibus, facit deorum idola in aëre protinus apparentia, similia quodam modo diis, et habentia similem aliquam efficaciam. (A. LE PELLETIER, I, p. 55-56).

soit en s'asseyant au fond du sanctuaire sur un siège d'airain à trois ou quatre pieds, consacré au dieu, où elle se trouvait exposée des deux côtés à l'esprit divin qui l'illuminait d'un rayon de feu sacré ...

Une prêtresse, ou s'asseoit dans l'axe ou tient à la main une baguette donnée par quelque dieu, ou bien trempe dans l'eau soit ses pieds, soit le bord de sa robe, ou encore aspire une vapeur sortant d'une certaine eau et s'emplit ainsi de la splendeur divine ; et, participant du dieu, elle vaticine. Car, par ces pratiques, elle se met en état d'accepter le dieu qu'elle reçoit ...

Porphyre dit qu'il ne faut pas mépriser l'art qui, par de certaines vapeurs produites par le feu sous d'opportunes influences des astres, crée dans l'air des images de dieux, semblables en quelque manière aux dieux et ayant comme eux quelque pouvoir.

Nous avons là de quoi interpréter les deux quatrains que j'ai cités. Et, comme on voit, Nostradamus, au début même de son livre, se montre en train d'accomplir les rites magiques, selon Jamblique. C'est la nuit ; il est assis sur la sellette ou trépied d'airain ; une petite flamme s'élève. La baguette divinatoire à la main, comme dans le temple de Branchus, il trempe le bas de sa robe et son pied dans l'eau ; la splendeur divine, le dieu qui s'asseoit près de lui, tout y est.

Un autre quatrain semble se référer à d'autres opérations de magie :

Le dix Calendes d'Avril de faict gothique
Ressuscité encor par gens malins,
Le feu estainct, assemblée diabolique
Cherchant les os de d'Amant et Pselin.

84

Traduction : Le dix des calendes d'avril (c'est-à-dire le 23 mars) en comptant à la mode antique (la magie fut ou sera) ressuscitée par de mauvaises gens. La lumière éteinte (il y a eu ou il y aura) une assemblée diabolique cherchant les os de d'Amant et Psellin. Les « os de d'Amant » qu'est-ce que cela peut bien vouloir dire ? Peut-être faut-il lire « les os du Daemon de Psellin » ? Psellin, comme on disait jadis, ou Psellos composa au xie siècle, entre une multitude d'ouvrages, un De operatione daemonum. Ce curieux traité ne fut traduit en français qu'en 1573, par Pierre Moreau[19], mais il l'avait été en latin par Marsile Ficin en même temps que le De Mysteriis Ægyptorum attribué à Jamblique et put, par conséquent, être connu de Nostradamus tout de même que ce dernier ouvrage. Voici , d'après Psellos , comment se faisait la conjuration[20] :

19. Cette traduction a été réimprimée dans la Revue des Études grecques, janvier-mars 1920.

20. Est et quædam in pelvi vaticinatio per quam rustici sæpe vaticinantur ... Accipiunt ergo pelvim aqua plenam vaticinantes, dæmonibus congruentem in profunda repentibus. Apparet autem pelvis illa aqua plena quodar modo et spirare propter sonitum ; ipsaque aqua in pelvim infusa secundum substantiam quidem ab externis aquis minime differt, sed virtute infusa carminibus valde præcellit, atque ita facta est aptior ad suscipiendum spiritum deinde fatidicum. Id ver o dæmonium particulare est, atque terrenum, compositionibusque attractem : et quum primum illabitur aquæ sonum, mox quemdam exiguum et significationis expertem édit, remissionem ejus præsentibus significantem ; deinde vero in aqua jam inundante exiles quidam soni susurrant quadam prædictione futuri. Est autem ejusmodi spiritus passim pererrans, quoniam solarem ordinem est sortitus, idque genus dæmonum dedita opéra tenuem vocem édit, ut propter indistinctam vocis obscuritatem, ejus mendacia minus deprehendi

Il y a une certaine vaticination qui se fait dans un bassin, au moyen de laquelle les paysans prédisent souvent l'avenir ... Les devins prennent donc un bassin plein d'eau et congru pour les démons cachés dans les profondeurs. Ce bassin plein d'eau paraît en quelque sorte onduler, comme pour rendre un son ; l'eau même contenue dans le vase ne diffère pas du tout des eaux naturelles, mais elle excelle aux poèmes par une vertu qui lui est infuse et elle est ainsi plus apte à recevoir ensuite l'esprit fatidique. Ce genre de démons est, en effet, singulier, terrestre, sensible aux enchantements ; et, dès que l'eau commence à rendre des sons, le démon émet quelques mots indistincts et dépourvus de sens, témoignant ainsi sa satisfaction aux gens présents ; mais ensuite, lorsque l'eau commence à déborder, il sussurre certains sons prédisant l'avenir dans une certaine mesure. Il y a un esprit de ce genre qui erre çà et là, parce qu'il a obtenu le droit de pénétrer dans la région solaire (donc dans l'atmosphère terrestre), et cette espèce de démons s'applique à parler à voix basse, afin qu'en raison de l'obscurité de leur voix indistincte, leurs mensonges soient moins faciles à saisir.

Tel est le rite magique auquel Nostradamus fait allusion dans ce quatrain. Mais que vient faire ici le dix des calendes d' avril ou 23 mars ? Pour comprendre, il faut se reporter à un autre passage de Psellos. « Les Euchètes (secte d' hérétiques), dit-il, afin de concevoir des démons par la poitrine, perpètrent de déplorables sacrifices. Ils s'assemblent le jour où trépassa le Sauveur (le Vendredi saint), le soir, dans un lieu convenu, avec des jeunes femmes de leur connaissance, et après certains rites célébrés les lumières éteintes, ils s'unissent soit avec leur sœur, soit avec leur fille ».

possint.

Il se peut que, dans son quatrain, Nostradamus rappelle qu'il s'est célébré ou prédise qu'il se célébrera un vendredi saint, 23 mars, une messe noire de ce genre. Il se peut aussi qu'une légère confusion se soit établie dans son esprit entre cette sorte de messe noire et la conjuration par le bassin dont j'ai parlé ci-dessus. Si la scène doit se passer dans l'avenir, inutile de pousser plus loin. S'il veut dire qu'elle s'est passée, au contraire, et de son vivant, il est facile de préciser la date. Entre 1503, date de la naissance de Nostradamus, et 1566, date de sa mort, le vendredi saint n'est tombé un 23 mars qu'en 1543 et en 1554. Ce serait donc, en ce cas, le 23 mars 1543 ou, plus

vraisemblablement, le 23 mars 1554, un peu moins d'un an avant la publication de ses Prophéties, à l'époque où il les préparait, qu'il se serait livré à cette conjuration redoutable. Et l'on s'amuse de l'imaginer dans son observatoire, la nuit, au milieu du silence de la ville endormie, qui tend l'oreille près de son bassin plein d'eau pour saisir les voix confuses des démons malins.

9

L'impression des Prophéties de Maître Michel Nostradamus fut achevée le 4 mai 1555 et le volume parut à Lyon, chez Macé Bonhomme, la même année. Ce qui prouve qu'il se vendit très bien, c'est qu'il fut réimprimé immédiatement en Avignon (peut-être par un contrefacteur), et que les éditions s'en succédèrent en 1556, 1557, 1558, 1560 et vraisemblablement plus souvent encore, car il en est sûrement qui sont aujourd'hui perdues. Son succès fit même rééditer coup sur coup en 1555, 1556 et 1557 l'opuscule des fardements.

Cette première édition ne contenait encore qu'une faible partie de l'ouvrage : les trois premières Centuries seulement, c'est-à-dire trois séries de cent quatrains, plus cinquante-trois quatrains de la quatrième, le tout précédé d'une longue épître liminaire adressée par l'auteur à son fils César, qui n'était encore qu'un petit enfant. Or l'épître, dont nous avons cité plus haut quelques fragments, n'est pas beaucoup plus claire que les quatrains : Nostradamus s'est appliqué à rendre le tout à peu près inintelligible, selon la tradition de tous les prophètes et sybilles, y compris celle de Panzoust : « que possible fera retirer le front à quelques-uns », dit-il lui-même et il ajoute : « La plupart des quatrains prophétiques sont tellement scabreux que l'on n'y saurait donner voie ni moins aucuns interpréter ». Enfin le dernier de la sixième Centurie, qui par extraordinaire est en latin, se trouve conçu en ces termes où l'on sent encore je ne sais quel relent du jargon magique :

Quos legent hosce versus mature censunto,
Profanum vulgus et inscium ne attrectato,
Omnesque astrologie blenni , barbari procul sunto !
Qui aliter facit , is rite sacer esto![21]

Or , nous avons pu constater en lisant l'Opuscule des fardements que, même lorsque Nostradamus ne le fait pas exprès, son français laisse cruellement à désirer ; à plus forte raison, lorsqu'il construit ses phrases à la latine ; lorsqu'il accumule les amphibologies ou additionne des mots sans suite, du moins en apparence, à la façon de nos récents poètes dada qui pourraient trouver en lui un précurseur[22]; lorsqu'il emplit ses quatrains de métaphores obscurissimes, d'anagrammes vrais ou supposés. Joignez que les vers sont à l'ordinaire plus que rocailleux et très souvent faux. On croirait qu'il les a mêlés au hasard, comme on mêle un jeu de cartes ; c'est un fouillis universel ; puis une phrase claire, ou un fragment de phrase, brille comme un feu follet ... Mais ces scintillements douteux justement, ce clair-obscur, ces sens miroitants, cet habile mélange ont exercé une attirance sur les esprits imaginatifs et crédules que le mystère excite. Les Centuries de Nostradamus, a écrit l'un d'eux, « forment une sorte de jeu de tarots en vers ou de kaléidoscope cabalistique,

21🞄 « Que ceux qui lisent ces vers y réfléchissent longuement ! Que le vulgaire profane et ignorant n'en approche ! Que tous les astrologues, les sots, les barbares s'en tiennent loin ! Qui fait autrement, qu'il soit maudit selon le rite ! »

22🞄 Mallarmé aussi, mais autrement. Non du tout Paul Valéry, dont l' obscurité ne tient pas, comme Mallarmé, à la syntaxe et au vocabulaire, mais à ce qu'il rend en images des idées abstraites qu'on n'entendrait pas sans réflexion si même elles étaient exprimées en prose.

dont le miroitage fatigue, mais dont la singularité fascine, et dans les combinaisons multiples duquel un regard scrutateur finit par découvrir des myriades de tableaux empreints d' une magique grandeur ». Faisons nos réserves quant à la « magique grandeur », mais on vit rarement mosaïque plus habile que celle-là .

Aussi le succès que remporta l'ouvrage ne doit-il pas nous étonner. Le prophète fut presque tout de suite connu à la Cour même, où l'astrologie était fort en vogue, et à ce point qu'Henri II voulut le voir. On raconte que le roi avait été frappé par ce quatrain de la première Centurie où l' on veut trouver la prédiction de sa mort dans le tournoi fameux, et que voici :

Le lion jeune le vieux surmontera
En champ bellique par un singulier duelle :
Dans cage d'or les yeux luy crèvera,
Deux classes une, puis mourir, mort cruelle.

Mais, à vrai dire, que ce soit ce quatrain qui ait décidé Henri II à mander Nostradamus, cela ne s'accorde guère avec ce que nous disent Brantôme et Mme de La Fayette.

J'ai ouï conter, écrit le premier, et le tiens de bon lieu que, quelques années avant qu'il [Henri II] mourût (aucuns disent quelques jours), il y eut un devin qui composa sa nativité et la lui fit présenter. Au dedans, il trouva qu'il devait mourir en un duel et combat singulier. M. le connétable [Anne de Montmorency] y était présent, à qui le roi dit : « Voyez, mon compère, quelle mort m'est présagée ! – Ah ! Sire, répondit M. le connérable, voulez-vous croire ces marauds qui ne sont que menteurs et bavards ? Faites jeter cela au fer.

– Mon compère, répliqua le roi, pourquoi ? Ils disent quelquefois vérité. Je ne me soucie de mourir autant de cette mort que d'une autre ; voire l'aimerais-je mieux, et mourir de la main de qui que ce soit, mais qu'il soit brave et vaillant, et que la gloire m'en demeure. » Et sans avoir égard à ce que lui avait dit M. le connétable, il donna cette prophétie à garder à M. de l'Aubépine, et qu'il la serrât pour quand il la demanderait. »

La réponse du roi est fort noble. Mais, si même nous admettons la vérité de cette anecdote rapportée par Brantôme longtemps après l'événement, il est fort douteux que le prophète dont il y est question soit Nostradamus, car le quatrain que nous venons de citer était publié et le roi n'y était nullement désigné : « le lion vieux », c'est vague. Faut-il admettre que l'astrologue de Provence lui ait fait tenir sa prédiction en lui indiquant formellement qu'il s'agissait de lui ? C'est difficile. D'autre part, il paraît qu'en 1552 Luc Gauric avait recommandé au roi d'« éviter tout combat singulier en champ clos, et notamment aux environs de la quarante et unième année, parce qu'à cette époque de sa vie il était menacé d'une blessure à la tête qui pouvait entraîner la cécité ou la mort ». Je croirais volontiers que c'est à cette prédiction-là que se rapporte l'anecdote de Brantôme .

Mme de La Fayette, dans sa fameuse Princesse de Clèves, où elle a recueilli des traditions de la Cour des Valois, fait ainsi parler Henri II peu avant sa mort :

J'ai eu autrefois beaucoup de curiosité pour l'avenir, mais on m'a dit tant de choses fausses et si peu vraisemblables, que je suis demeuré convaincu que l'on ne peut rien savoir de véritable. Il y a quelques années qu'il vint ici un homme d'une grande réputation dans l'astrologie. Tout le monde l'alla voir ; j'y allai comme les autres, mais sans lui dire qui j'étais, et je menai M. de Guise et d'Escars ; je les fis passer les premiers. L'astrologue néanmoins s'adressa d'abord à moi, comme s'il m'eût jugé le maître des autres. Peut-être qu'il me connaissait ; cependant il me dit une chose qui ne me convenait pas s' il m' eût connu . Il me prédit que je serais tué en duel. Il dit ensuite à M. de Guise qu'il serait tué par derrière et à d'Escars qu'il aurait la tête cassée d'un coup de pied de cheval. M. de Guise s'offensa quasi de cette prédiction, comme si on l'eût accusé de devoir fuir. D'Escars ne fut guère satisfait de trouver qu'il devait finir par un accident si malheureux. Enfin nous sortîmes très malcontents de l'astrologue. Je ne sais ce qui arrivera à M. de Guise et à M. d'Escars, mais il n'y a guère d'apparence que je sois tué en duel. Nous venons de faire la paix, le roi d'Espagne et moi, et quand nous ne l'aurions pas faite, je doute que nous nous battions et que je le fisse appeler comme le roi mon père fit appeler Charles-Quint.

L'astrologue dont il est ici question (Mme de La Fayette écrit d'ailleurs plus de cent ans après la mort d'Henri II) est-il Nostradamus ? Cette visite que lui auraient faite le roi, Guise et d'Escars ne s'accorde nullement avec ce que nous dit de son séjour à la Cour son propre fils César, qui avait des raisons d'être bien informé … Non, tout porte à croire que ce n'est qu'après coup qu'on découvrit le quatrain de Nostradamus et qu'on s'avisa que le « lion vieux » devait être Henri II.

César rapporte que le roi écrivit au gouverneur de Provence (c'était alors Claude de Savoie, comte de Tende) de lui envoyer le devin et que Nostradamus se mit en route le 14 juillet 1555. Les voyages étaient longs en ce temps-là : notre homme n'arriva à Paris qu'un mois plus tard, le 15 août, jour de l'Assomption de Notre-Dame.

Il descendit à une auberge qui portait l'enseigne de saint Michel, son patron, et qui pour cette raison lui parut de bon augure. Il se trouvait si démuni d'argent qu'il dut emprunter deux nobles à la rose et deux écus à un gentitilhomme qui se trouvait là, M. de Morel, et à qui il les rendit fidèlement , cinq ans plus tard en les accompagnant d'une lettre[23]. Le connétable Anne de Montmorency, en personne, le vint prendre à son logis pour le présenter au roi.

Celui-ci l'envoya loger à l'hôtel de l'évêque de Sens, qui existe encore comme on sait. Là, la goutte le tint bien fâcheusement au lit ou à la chambre pendant dix ou douze jours. Mais pour le consoler le roi lui envoya cent écus dans une bourse de velours et la reine « presque autant ».

A peine guéri, il lui fallut, par le commandement de Henri II, gagner Blois pour voir les enfants de France et tirer leur horoscope. Que prédit-il ? On ne sait. Selon la tradition il annonça qu'ils seraient couronnés « tous quatre » successivement (en ce cas c'était un de trop), et il se peut qu'il ait dit quelque chose de vrai, car il garda toute sa vie la faveur de la reine Catherine, qui ne se plaignit jamais de ses prophéties. D'ailleurs, les princes étaient d'aspect maladif et Nostradamus était médecin autant qu'astrologue : plus tard, avant de tirer l'horoscope du futur Henri IV, il lui fera passer une visite médicale ; il se peut qu'avec les enfants de France, il ait procédé pareillement , auquel cas la médecine serait venue utilement en aide à l'astrologie.

---

23 L'abbé Torné-Chavigny avait lu cette lettre manuscrite ; mais elle ne se trouve plus à la Bibliothèque nationale, non plus que cette abondante correspondance dont parle la Grande Encyclopédie, ou du moins nous n'avons pas su les retrouver.

Il tira d' ailleurs bien d'autres horoscopes ; une foule de seigneurs et dames de la Cour voulurent avoir le leur ; la reine aussi, je pense. Il était habile : il réussit fort bien. Des anecdotes couraient sur sa faculté merveilleuse ; on disait qu'un soir un page de M. de Beauvau, qui avait perdu un beau lévrier qu'on lui avait confié et craignait fort les suites de son étourderie, était allé frapper à son logis, criant qu'il venait de la part du roi. Le page de Nostradamus faisait des difficultés pour le laisser entrer, lorsqu'on entendit le devin crier à travers la porte close ces mots mémorables : « Qu'est-ce donc ? Page du roi, vous menez grand tapage ! Allez-vous en sur la route d'Orléans, vous trouverez votre chien qu'un valet mène en laisse. » Ainsi fit le page et il rentra en possession du lévrier. Si cette histoire est fausse (c'est en 1789 qu'on nous la conte pour la première fois !), il n'en est pas moins vrai que le succès de Nostradamus fut grand , car il rapporta de son voyage beaucoup d'argent. « Quant aux honneurs, dépouilles royales, joyaux et magnifiques présents qu'il reçut de Leurs Majestés, des Princes et des plus grands de la Cour, j'aime mieux les laisser au bout de ma plume que de les dire par trop d'exquise vanité, craignant d'en avoir plus dit que ne requiert la modestie », écrit César de Nostradamus.

On peut imaginer qu'en rentrant à Salon ainsi muni, maître Michel eut bon accueil de sa femme et de ses amis, mêmement d'Adam de Craponne, second fils de Guillaume, à l'ouvrage duquel il s'intéressait fort. Ce jeune homme avait pour les arts du génie et de la fortification, et surtout pour l'hydraulique, une passion singulière, et il en avait fait la plus complète étude. Mais sous Henri II l'italionomanie régnait aussi absolument que fera quelques siècles plus tard l'anglomanie, et les ingénieurs d'outre-monts, attirés par la reine Catherine, occupaient toutes les places, de manière que le jeune Adam eut quelque peine à percer. Les travaux d'assèchement de marais qu'il fit à Fréjus et dans le comté de Nice, puis la part qu'il prit à la levée du siège de Metz en 1552 le distinguèrent ; néanmoins, lorsqu'il conçut son grand projet, c'est bien vainement qu'il demanda de l'aide pour l'exécuter : il n'en reçut aucune.

Au XIIe siècle le roi d'Aragon, marquis de Provence, avait autorisé l'archevêque d'Arles, seigneur de Salon, Raymond de Bolène, à prendre l'eau de la Durance pour la conduire à Salon, et ensuite à la mer. Mais c'étaient là travaux formidables et qui dépassaient du tout au tout la capacité de l'archevêque, en sorte que rien n'avait été fait et que la ville demeurait plus sèche que jamais au milieu de la Crau. Adam de Craponne eût voulu reprendre le projet, mais

les personnes compétentes haussaient les épaules lorsqu'il leur en parlait : quelle apparence qu'on pût amener la Durance par la main, comme une petite fille, alors que les terres où elle devait passer semblaient plus élevées que la vallée ? Si les écluses étaient fort connues en Italie, elles étaient à peu près ignorées en France, à cette époque-là ... Et le pauvre Adam avait beau parler, presque personne ne l'approuvait.

Il ne se découragea pourtant pas et obtint du Parlement de Provence qu' une enquête fût ordonnée sur son projet. Même il sut persuader les enquêteurs, si bien que le 17 août 1554 permission lui fut donnée d'entreprendre les travaux. Il ne manquait plus que l'argent ; mais Adam avait cette flamme passionnée qui échauffe les capitalistes : il en trouva. Le 27 juillet 1556, notamment, maître Michel Nostradamus lui avançait deux cents écus par devant maître Laurent , notaire ; deux des parents d'Adam, Paul Girard et Jehan Suffren, se portant garants. C'est ainsi qu'un premier canal, au lit étroit, un canal d'essai fut creusé depuis Cadenet, au bord de la Durance, jusqu'au rocher de la Baume (le

Paradou, comme on l'appelle aujourd'hui). Le dimanche 13 mai 1557, jour fixé pour l'inauguration, les bonnes gens de Salon et des environs couvraient les nouvelles berges, hochant la tête et doutant fort que l'eau arrivât. Soudain on entendit crier : c'était elle ! Elle courait à une telle vitesse et le canal s'emplissait avec tant d'aisance, que tout le monde en resta ébahi d'admiration. « Vous verrez qu'elle usera ses berges : la pente est trop forte ! » murmuraient les médisants. Mais Craponne avait ménagé habilement mille coudes et détours pour modérer le courant. Il n'y avait plus qu'à agrandir le canal et le prolonger, et Nostradamus, qui s'était bien probablement rendu à cette inauguration avec émoi, dut rentrer chez lui content de son jeune ami et rassuré quant à son argent.

Cependant il continuait sa vie studieuse. En cette même année 1557, il publie deux ouvrages à Lyon, chez Antoine du Rosne. L'un est daté du 1er février et dédié à ce prodigieux marin et guerrier que fut le capitaine Polin, en ces termes : « A très haut, très illustre, très magnanime et très héroïque seigneur Monseigneur le baron de la Garde, chevalier de l'Ordre du Roy, admiral des mers du Levant, Michel de Nostredame, son très humble et très obéissant serviteur, baisant la main dextre de son trident, envoie salut et fraternité ». L'ouvrage est une traduction de la Paraphrase de Galien sur l'exortation de Menodote aux estudes de bonnes artz, mesmement médecine, non pas, certes, une traduction du grec, que Nostradamus n'a vraisemblablement jamais su, mais du latin en français. L'autre volume est une nouvelle édition des Prophéties, très augmentée, comprenant les quarante-sept derniers quatrains de la quatrième Centurie, les Centuries V et VI, et les quarante premiers quatrains de la septième. Car notre homme ne renonce pas plus à son activité médicale qu'à son activité prophétique.

Sous peu il va donner Le Remède très utile contre la peste et toutes les fièvres pestilentielles avec la manière d'en guérir, aussi la singulière recepte de l'oint dont usoit l'empereur Maximilien[24]... Toujours ces recettes !

Il est célèbre, d'ailleurs. Les étrangers qui viennent en France font le voyage de Salon pour le voir avant que de s'en retourner dans leur pays et les bonnes gens s'ébahissent des modes singulières de certains de ces visiteurs. Bien entendu l'on conte mille anecdotes. On conte qu'un jour que le médecin-astrophile prenait le frais à l'ombre de sa maison, les yeux fermés, une jeune voisine vint à passer devant lui :

– Té ! bonjour, monsieur de Nostredame ! dit-elle.

– Bonjour, fillette.

La fille allait rejoindre son amoureux et il paraît qu'elle sut très bien employer son temps avec lui ; après quoi elle s'en revint, sage et modeste, et refit poliment, en passant devant le médecin :

– Té ! bonsoir, monsieur de Nostredame !

– Bonsoir, petite femme, répondit-il sans lever les paupières.

On conte qu'ayant rencontré un jeune cordelier nommé Félix Peretti, il descendit aussitôt de sa mule et s'agenouilla.

– Pourquoi faites-vous cela ? lui demanda-t-on.

– Parce qu'il convient de se soumettre et ployer le genou devant le pape, répondit-il.

Ce qu'entendant, tous ceux qui se trouvaient le crurent fou. Quelle apparence que ce petit frère, né de pauvres gens dans un village de la marche d'Ancône, fût promis à de si hautes destinées ? Il n'en devint pas moins par

24 Paris, 1561 ; mais ce n'est pas là la première édition, puisque Brunet déclare qu'il y avait de l'ouvrage une traduction anglaise dès 1559.

la suite cardinal, puis pape en 1585 sous le nom de Sixte-Quint.

Un certain nombre de ces prédictions légendaires qu'on lui attribue se rapportent à la Lorraine, et il se peut qu'il ait fait un voyage dans ce pays ; mais à quelle époque, c'est ce qu'il n'est pas facile de savoir.

Un jour, dit-on, les domestiques de Mme de Lesdiguières vinrent le quérir en toute hâte à son hôtellerie : leur dame venait d'accoucher d'un fils dans son village de Bonnet, près Gondrecourt (Meuse) et il était requis d'accourir au plus tôt pour tirer l'horoscope du nouveau-né. Il prédit que l'enfant deviendrait l'un des premiers du royaume. Ce qui advint, en effet, puisqu'il fut connétable. Or, c'est en 1543 que naquit le connétable de Lesdiguières et voilà l'anecdote datée. Mais en 1655 vivait à Bar-le-Duc une vieille dame, « Mlle Ferry, dont le fils est avocat au Présidial », et qui se souvenait fort bien d'avoir été soignée par lui et de l'avoir ouï exhorter les catholiques à « tenir ferme contre les luthériens et à ne permettre qu'ils entrassent dans la ville ». Si vieille qu'on la suppose , elle ne pouvait guère avoir plus de cent ans, cette Mlle Ferry. Cela date le voyage de Nostradamus à Bar-le-Duc de 1565 au plus tôt. Et les deux dates concordent mal.

Par ailleurs on lui attribue les prophéties dites d'Orval, qui est une abbaye sise à deux lieues de Montmédy, où on les aurait trouvées pendant la Révolution. Il est vrai qu'elles sont signées Olivarius, mais cela n'est pas pour gêner ses biographes : « Ne venait-il pas du fond de la Provence, pays des oliviers ?... »

Laissons cela. Toutefois non sans avoir conté l'histoire des cochons du château de Faim, en Lorraine encore. Elle est en quelque sorte classique. Le seigneur de Florinville l'avait appelé dans son château pour y traiter sa femme malade. Un jour qu'il se promenait dans la basse-cour en devisant de présages avec le médecin, il lui montra deux cochons de lait, l'un blanc, l'autre noir, et lui demanda : « Eh bien, quels seront leurs destins, à ceux-là ? – Vous mangerez le noir et le loup mangera le blanc », répondit Nostradamus. Le sieur de Florinville n'eut rien de plus pressé que de commander à son cuisinier de servir le blanc à souper. Celui-ci tue le cochon, l'habille, le met à la broche. Mais, étant sorti un moment, un louveteau apprivoisé entre dans la cuisine et met le rôti dans un tel état que le cuisinier dut égorger le cochon noir, l'apprêta et le fit servir à table au lieu du blanc. Vous devinez la suite. Le rôti expédié, Florinville dit à Nostradamus : « Le loup ne touchera pas au cochon blanc car nous l'avons mangé. » A quoi le médecin réplique : « Non, c'est le noir que nous avons mangé. » On mande le cuisinier qui avoue tout ... Il n'y a pas de devin sur lequel on n'ait conté des dizaines d'historiettes de ce genre.

Le 20 avril 1559 l'eau du canal de Craponne entra enfin dans Salon. On avait choisi un dimanche afin que tout le monde pût assister à la fête. Qu'on imagine la foule des paysans en caban sur les remparts rebâtis depuis peu d'années. Un point brillant paraît soudain au-delà du roc de la Baume ; une mince ligne étincelante s'allonge en grossissant vers la cité, pénètre dans la ville par le trou de la tour du Portal Coucou, se précipite dans le fossé des Vidanges, et bientôt tout le lit du canal est plein d'une onde bouillonnante qui s'apaise peu à peu. Le peuple assemblé « reçut l'eau avec applaudissement, étonnement et joie autant incroyable qu'inespérée, écrit César de Nostradamus. En ce principalement que plusieurs sages avaient cru, voire même semé que Craponne avait entrepris l'impossible et l'infaisable. » De ces gens-là Nostradamus n'était point : ce dut être un grand contentement pour lui que de voir réussir l'entre prise hardie qu'il avait, on s'en souvient, encouragée de ses deniers et qu'il devait en encourager encore, puisque le 22 septembre suivant il prêta à Adam deux cent quatre vingt-dix huit écus d'or sol, valant cinquante sols la pièce, sous la garantie de trente-huit personnes, et le 13 février 1562 cent écus encore, sans garantie.

Ainsi le désert de la Crau allait se couvrir de champs verdoyants. Cette idée devait rendre joyeux les Salonais et il est probable que la grande procession qui se fit dans la ville et les réjouissances par où ils célébrèrent la nouvelle du traité de Cateau-Cambrésis, le 26 mai 1559, s'en trouvèrent sensiblement égayées. Nostradamus y prit-il part ? La goutte dont il souffrait devait le rendre plus irascible encore, lui qui n'avait pas trop bon caractère. Certes il avait maintenant[25] près de lui un disciple enthousiaste et fidèle, Jean-Aimé de Chavigny, natif de Beaune, et premièrement élève de Jean Dorat, qui avait tout quitté pour venir s'établir auprès de l'astrologue fameux. Mais on publiait sous son nom des almanachs pleins de faussetés. Et puis la célébrité ne manque jamais de créer des envieux, car c'est comme tels qu'il devait considérer ceux qui ne partageaient pas l'enthousiasme général pour ses Prophéties.

En 1558 des personnes mal intentionnées publiaient en Avignon même une Déclaration des abus, ignorances et séditions de Michel Nostradamus. Un calviniste imprimait la même année, mais à Paris, le Monstre d'abus, composé premièrement en latin par Maistre Jean de la Daguenière, docteur en médecine et mathématicien ordinaire des landes d'Asnières, et depuys traduit et mis en nostre langue françoyse par le More du Vergier, recteur ordinaire de l'Université de Mateflon et protecteur des gondz de Haioulem ; et la première invective de ce pamphlet était contre Nostradamus. Conrad Badius écrivait une satire de lui, et le sieur du Pavillon déclarait dans ses Contredits aux faulses et abusifves prophéties de Nostradamus et astrologues (1560) que ces gens-là ne rencontrent juste que « par cas fortuit » ; que les astres n'ont sur les hommes aucune puissance de les faire pécher ; que « tous pronosticqueurs ou divinateurs ne peuvent juger des choses futures »; et il racontait avec indignation que « quelqu'un de nos astrologues a en cette présente année bien donné aux moissonneurs et faulcheurs

25 Chavigny serait resté près de lui vingt-huit ans. Nostradamus étant mort en 1566, il serait donc arrivé en 1538 ; mais cela ne se peut, puisqu'à cette date Chavigny n'avait que quatorze ans, ou environ.

qui ont parlé beau temps, en ce pays de Gâtinois, abattu leurs blés, semences et fruits, ayant confiance qu'il se continuerait ainsi qu'il avait été prophétisé ; mais la pluie, estant survenue et ayant cours plus de huit jours où il marquoit grande chaleur, a gâté les blés et foins. Le un le maudissoit , l' autre le dépitoit , l'autre le conjuroit, et eût été mis en dix-mille pièces s'il y eut été ».

Heureusement il n'était pas là, l'imprudent faiseur d'almanachs, peut-être un contrefacteur de Nostradamus, qui sait ? Et apparemment notre homme n'avait-il pas connaissance des épigrammes que lui dardait Scaliger puisque celui-ci ne les publiait point (elles ne paraîtront qu'en 1574), encore qu'il les montrât sans doute au plus de gens possible. J'en ai déjà cité ; voyez encore celle-ci :

In Nostradanum,
Credula, quid speras, quid spectas pendula ver bis,
Gallia ? Judea quæ blatit arte furor ?
Tot regnum veterum spoliis, tot onusta recentum,
Hoctua clara feres ludere sceptra scelus ?
Nonne vides linguam impuri nebulonis inanem ?
Huncne tuam pateris ludificare fidem ?
Utrum futilius, pectusne nocentis Agyrtæ,
An tu, quæ toties falsæ fovere potes ?
Quod si es tam facilis nolis ut velle dolere,
Saltem non etiam posse dolere, dole ![26]

26[] Crédule, qu'espères-tu ? Gaule, qu'attends-tu, suspendue aux mots ? Par quel maléfice juif ta colère avorte-t-elle en vains murmures ? Ornée des dépouilles de tant de rois anciens et récents, souffriras-tu que le crime se joue de ton sceptre illustre ? N'as-tu pas vu que le langage de cet impur coquin est insane ? Supporteras-tu qu'il se moque de ta bonne foi ? Qui est le plus futile, ce charlatan malfaisant, ou toi qui si souvent favorises

On remarquera que Scaliger semble insinuer qu'une protection puissante garantit Nostradamus des fureurs de la France indignée contre les insanités de cet « impur coquin », mais il n'est pas facile de préciser laquelle puisqu'on ignore la date de l'épigramme. S'agit-il de la reine Catherine ? C'est possible, puisque nous la verrons faire en 1564 une solennelle visite au prophète de Salon, en compagnie de Charles IX. Mais bien d'autres grands personnages protégeaient Nostradamus, à commencer par le duc de Savoie. Cela n'empêchait d'ailleurs point ses ennemis de faire courir ce distique fâcheux, que beaucoup attribuent à Jodelle, quelques-uns à Théodore de Bèze, et Guy Patin à un Gantois du nom de Charles Utenhove qui l'a, en effet, inséré dans son livre des Allusions :

Nostra damus cum falsa damus, nam fallere nostrum

[est ,

Et cum falsa damus, nil nisi nostra damus[27].

S'il en avait connaissance, l'auteur des Prophéties, fort vif de sa nature, devait supporter mal ces aiguillons-là. Il est vrai que ses partisans répondaient :

Vera damus cum verba damus quæ Nostradamus dat ,

l'imposture ? Que si tu es trop faible pour ne pas vouloir te plaindre, plains-toi du moins de ne pas le pouvoir !

27[ ] Nous donnons du nôtre, quand nous donnons des choses fausses, car se tromper est nôtre, et quand nous donnons des choses fausses, nous ne donnons rien que du nôtre. Le calembour sur Nostradamus est naturellement intraduisible.

Sed cum nostra damus , nil nisi falsa damus[28].

En outre, il avait pour lui les gens de cour. Les fiançailles de Marguerite, sœur d' Henri II, avec le duc de Savoie Philibert-Emmanuel furent célébrées à Paris par de grandes fêtes. On avait dressé des lices, avec des arcs de triomphe et des estrades pour les spectateurs, dans la rue Saint-Antoine, près des Tournelles, et les joutes commencèrent le mercredi 28 juin 1559, jour des fiançailles ; elles devaient durer jusqu'au dimanche. Les tenants, qui étaient le roi, le dauphin François, le duc de Lorraine, le duc de Guise, le prince Alphonse de Ferrare et le duc de Nemours firent merveilles et Henri II, sports-man passionné se distingua par son adresse à cheval et sa force aux armes. Le vendredi sur les cinq heures de l'après-midi, quoiqu'il fût fatigué, il voulut rencontrer le fils du sieur de Lorges, Gabriel de Montgommery, capitaine de ses gardes écossaises. On ne sait pas très bien ce qui se passa. Il semble qu'après avoir brisé sa lance Montgommery (peut-être gêné par un mouvement de sa monture ?) soit venu frapper du tronçon qu'il gardait en main le bord de la visière du roi presque de bas en haut, l'ait relevé et ait percé le front au-dessus du sourcil droit. Montgommery avait-il ainsi commis une faute ? C'est possible, mais personne ne sait exactement, aujourd'hui, quelles étaient les règles de ces jeux violents. Il se peut d'ailleurs que l'accident ait eu lieu tout autrement : en effet, les diplomates étrangers dans leurs dépêches ne parlent que d'un éclat détaché de la lance, qui aurait pénétré au-dessus de l'œil, et ils en donnent même le dessin. Bref, il est impossible de se représenter l'accident avec netteté. C'est, d'ailleurs, ce

28[?] Nous donnons des choses vraies quand nous donnons les paroles de Nostradamus, mais quand nous donnons les nôtres, nous ne donnons rien que du faux.

qui arrive invariablement en pareil cas : les archivistes sont assez rarement écuyers et hommes de sport, en sorte que les événements qu'on ignore le plus dans l'histoire de France, ce sont ceux qui touchent aux chevaux, à l'escrime, à la chasse, etc., bref, à ce qui occupait à peu près la moitié de l' existence de nos aïeux.

« Or, dit Brantôme, le roi ne fut pas plus tôt blessé, pansé et retiré en sa chambre que M. le connétable, se souvenant de cette prophétie (qui lui avait été faite quelque temps auparavant), appela M. de l'Aubépine et lui donna charge de la lui aller quérir ; ce qu'il fit ; et aussitôt qu'il l'eut vue et lue, les larmes lui furent aux yeux : « Ah ! dit-il, voilà le combat et duel singulier « où il devait mourir. Cela est fait, il est mort. » Il n'était pas possible au devin de mieux et plus clair parler que cela, encore que, de leur naturel ou par l'inspiration de leur esprit familier, ils sont toujours ambigus et douteux, et ainsi ils parlent toujours ambiguëment, mais là il parla fort ouvertement. Que maudit soit le devin qui prophétisa si au vrai et si au mal ! » Était-ce Nostradamus ? était-ce Luc Gauric ou un autre ? On n'en sait rien. A vrai dire le quatrain fameux, que j' ai cité plus haut, peut-il s'appliquer à Henri II ? Il y est parlé non pas même d'un œil, mais d'yeux crevés : ce n'est pas exactement ce qui arriva au roi. Et « deux classes une », qu'est-ce que cela veut dire ? Chaque commentateur y va de son petit roman ... Non, je ne suis pas persuadé que ce soit la prophétie de Nostradamus que les contemporains aient trouvé si frappante.

Quoi qu'il en soit, douze jours après la mort du roi, le duc de Savoie épousa Marguerite de France, et le 21 septembre, après le sacre de François II, il se mit en devoir de regagner Nice. Mais il avait fait, cette année-là, une extrême sécheresse et pas une goutte de pluie, ou peu s'en faut, n'était tombée durant sept mois : d'où cherté des vivres et famine, d'où peste aussi dans les domaines du duc. Aussi Philibert-Emmanuel s'arrêta-t-il à Salon ; Mme Marguerite vint l'y rejoindre en décembre, et ils s'y logèrent dans le château du roi.

La duchesse fit son entrée par un temps froid et nuageux. Les consuls furent la recevoir, leur insigne à l'épaule, et la conduisirent au château sous un dais de damas cramoisi, au son des cloches, par les rues sablées et semées d'herbes odorantes, devant les maisons tapissées et reliées par des guirlandes de fleurs soutenant les armes de France et de Savoie. Ce fut beau, mais peu gai, car Mme Marguerite était en deuil du roi son frère, ainsi que tous ses gentilshommes, demoiselles, pages, laquais, équipages et carrosses, et le peuple avait reçu l'ordre de ne pousser point le moindre cri de joie. Le tout coûta deux cent cinquante-six florins, sans compter quatre dindes, douze chapons, trois tonneaux de vin rouge et un de blanc, dont on avait fait présent au duc et à la duchesse.

On avait prié Nostradamus de composer quelques devises, à quoi il excellait.

SANGUINE TROIANNO
TRAIANNA STIRPE CREATA
ET REGINA CYPRI

disait l'une, et cela parut d'un goût parfait. Il fut d'ailleurs reçu au château, et Mme Marguerite prit plaisir à deviser avec lui de lettres et d'astrologie, car elle était savante à merveille et on l'appelait la Perle (Margarita) et la Pallas de France. Mais vers la fin de janvier, la peste ayant cessé à Nice, elle partit avec le duc escortée jusqu'aux limites du terroir de Salon par les consuls Antoine de Cadenet et Louis Paul, l'assesseur Joseph Roche, le trésorier Chailhol et le capitaine Jean d'Isnard.

Or, le dimanche 17 novembre 1560, à Orléans, le roi François, après avoir entendu la messe à la chapelle des Jacobins, rentra pour dîner à l'hôtel Groslot, fort mal à son aise. Depuis dix jours l'abcès qu'il avait à l'oreille gauche coulait plus que d'ordinaire, mais on était accoutumé à lui voir cette disgrâce et les médecins n'y faisaient plus attention. Ils crurent que le roi avait pris froid en jouant à la paume : il gelait et la Loire était prise. Mais le malade pensa pâmer pendant le dîner ; il passa dans sa chambre et appela le duc de Guise qui mit tout le monde à la porte. Ayant vomi son repas, il prit le lit, fiévreux et se plaignant d'un terrible mal de tête. Les médecins le purgèrent, et de plus en plus fort durant toute la semaine qui suivit. Cela l'affaiblit beaucoup ; cependant la fièvre, l'écoulement de l'oreille et les douleurs persistaient ; le bruit le faisait terriblement souffrir : aussi décida-t-on que seuls quelques membres du Conseil pourraient entre chez lui. Malgré tout, on n'était pas encore trop inquiet.

Le mardi 26, l'écoulement cessa et le mal de tête devint affreux ; mais par bonheur, le lendemain, l'abcès se reprit à puruler et le malade se sentit soulagé. Même, le jeudi 28, il se leva dans la soirée et on laissa quelques personnes entrer pendant son souper. Le vendredi, pourtant, il se trouva moins bien et le samedi il fut à nouveau purgé : l'écoulement s'était arrêté et la fièvre avait recommencé. Le dimanche, il délirait et poussait des cris de douleur poignants. Le lundi, ce fut pire : on lui posa des ventouses, grâce à quoi il put manger sans vomir : on le nourrissait sans cesse. Le cardinal de Lorraine le confessa. On jugeait son état désespéré.

Le mardi 3 le pauvre enfant (il n'avait pas dix-sept ans) souffrait tellement, que chacun souhaitait que la mort vînt le délivrer. Il en fut de même le lendemain, malgré les onguents des médecins. Le soir ils lui mirent à l'oreille un cautère terrible qu'ils y laissèrent durant sept heures et qui arrêta l'écoulement. Le 5, au petit jour, il n'avait presque plus la force de crier. A midi le cardinal de Lorraine lui donna l'extrême-onction. Vers deux heures, la reine-mère se laissa emmener dans une maison voisine où étaient ses autres enfants et où elle eut une longue conversation politique avec le cardinal de Tournon. Puis elle revint. A la nuit, elle alla reposer, et le petit roi mourut entre dix et onze heures, loin d'elle, après des jours de torture.

Cependant, comme l'écrivait au Doge l'ambassadeur de Venise, « chaque courtisan se rappelait le quatrain 39 de la Centurie X de Nostradamus et le commentait tout bas ». Et le 3 décembre l'ambassadeur de Florence Tornabuoni écrivait à son tour : « Le salut du roi est très incertain et Nostradamus, dans ses prédictions de ce mois, dit que la maison royale perdra ses deux jeunes membres de maladie inopinée. » Dans ses prédictions de ce mois ? Il s'agit donc là d'un almanach, car les dates des événements prédits dans les Centuries ne sont pas données . Et quant au quatrain 39 de la dixième Centurie, il est ainsi conçu :

Premier fils vefve malheurux mariage
Sans nuls enfants deux îles en discord :
Avant dix-huit, incompétent eage [âge]
De l'autre près plus bas sera l'accord.

Rien de plus ambigü, on l'avouera. Cela paraît pouvoir honnêtement s'interpréter ainsi : « Le premier fils de la veuve ; malheureux mariage sans enfants ; deux îles en discorde ; avant dix-huit, âge peu normal ; de l'autre proche l'accord sera plus bas . » Qu'est-ce que les deux îles ?

L'Angleterre et l'Écosse en discorde au temps d'Élisabeth et de Marie Stuart, explique Le Pelletier, scholiaste moderne, encore que ni l'un ni l'autre ne soient des îles. L'autre proche, c'est Charles IX, frère puîné de François. Mais que signifie l'accord sera plus bas ? Que Charles sera fiancé plus jeune encore que son aîné avec Élisabeth d' Autriche, paraît-il. Avec de la bonne volonté on fait tout dire aux textes de ce genre.

Quoi qu'il en soit, il est intéressant de voir que les prédictions des almanachs de Nostradamus étaient prises au sérieux par les gens de la Cour et jusque dans les dépêches diplomatiques. Il est probable que cette prophétie qu'on lui accorda de la mort du jeune roi renforça beaucoup son crédit auprès d'une foule de gens. Aussi ne faut-il pas s'étonner si, en décembre 1561, le duc de Savoie envoya à Salon Philibert Maréchal, seigneur de Mont-Simon en Bresse, pour inviter le devin fameux à venir faire à Nice l'horoscope de l'enfant que la duchesse allait mettre au monde. Il s'y rendit et annonça (s'il en faut croire ses tardifs biographes) que le nouveau-né serait un garçon et le plus grand capitaine de son temps. Charles-Emmanuel de Savoie, né au château de Riverolles le 12 janvier 1562, se signala, en effet, dans les guerres de la Ligue, comme on sait.

Ce n'est pas sans inquiétudes, cependant, qu'on notait que Nostradamus ne prophétisait guère que des calamités, et Ronsard s'écriait, en 1562, s'adressant à la France :

Tu te moques aussi des prophètes que Dieu
Choisit en tes enfants, et les fait au milieu
De ton sein apparaître, afin de te prédire
Ton malheur à venir, mais tu n'en fais que rire.
Ou soit que du grand Dieu l'immense éternité
Ait de Nostradamus l'enthousiasme excité ;

Ou soit que le démon bon ou mauvais l'agite ;
Ou soit que de nature il ait l'âme subite
Et outre le mortel s'élance jusqu'aux cieux
Et de là nous redit des faits prodigieux ;

Ou soit que son esprit sombre et mélancolique,
D'humeurs grasses repu, le rendent fantastique ;
Bref il est ce qu'il est. Si est-ce toutefois
Que par les mots douteux de sa prophète voix,
Comme un oracle antique il a dès mainte année
Prédit la plus grand part de notre destinée.

Après la mort d'Henri II, les dissensions religieuses s'aigrirent fort en Provence. Les Guise y envoyèrent des hommes à eux ; d'autre part, Jean de Bary La Renaudie, gentilhomme périgourdin, mandé par Condé, Coligny et d'Andelot, y vint exciter les huguenots. Antoine de Mauvans, l'un de ceux-ci, qui avait pris les armes pour résister aux catholiques de Castellane et soutenu une sorte de siège dans son château, commit l'imprudence de se rendre à Draguignan et y fut assassiné aux cris de : « Au luthérien ! » Il avait des parents de son nom à Salon : notamment Amalric de Mauvans, syndic en 1531, et Barthalès de Mauvans, allié à la mère d'Adam de Craponne. Les huguenots de la ville n'étaient pas encore déclarés hautement ; c'étaient des « sympathisants », comme nous dirions ; ils furent indignés par l'assassinat d'Antoine de Mauvans, dont, au contraire, les « gens de bien » (on dira de nos jours, dans un sens un peu différent, les « bien pensants ») s'empressèrent de faire paraître une joie délirante. Les choses se gâtaient de plus en plus. Les huguenots apprirent à leurs enfants une chanson luthérienne que ces innocents chantaient dans les rues. Plainte furieuse des catholiques au viguier qui, étant de cœur avec les protestants, n'en tint pas le moindre compte. Inde irae et tout commença d'aller fort mal.

Le 1 er mai 1560, les paysans des environs (on les appelait Cabans à cause de leurs manteaux d'hiver à manches et capuchons, en cadis gris) s'assemblèrent sur le cours, entre la place du Bourgneuf et celle des Arbres, criant : « Vive la religion ! A bas luthériens ! Vivent cabans ! » La plupart avaient collé au bout de leurs gros bâtons des croix de papier blanc et fiché des plumes de coq à leurs barrettes et bonnets pour se rallier. Sous la conduite de leur meneur (un nommé Louis Villermin, dit Curnier, natif de Salon), ils allèrent appréhender les gens qu'ils soupçonnaient d'hérésie et commencèrent de les conduire aux prisons du château à coups de bâton. Ce que voyant le viguier Pierre Roux, sieur de Beauvezet, s'en vint saisir un de leurs chefs au collet et il se mettait en devoir de l'emmener, lorsque cent Cabans, s'enhardissant l'un l'autre, lui coururent sus, criant : « Fauteur d'hérétiques et de cette canaille de luthériens ! Luthérien toi-même ! » Le sieur de Beauvezet se réfugie dans la boutique d'un revendeur proche de cette grand'place de la fontaine des Arbres où toute la ville se réunissait les dimanches et jours de fêtes. Il était environ six heures du soir. Aussitôt les émeutiers de s'assembler devant la maison, réclamant le viguier mort ou vif, et, malgré les prières du premier consul, Antoine de Cadenet, les voilà qui entassent des sarments, de la paille, du bois jusqu'à hauteur du premier étage. Beauvezet jette alors par la fenêtre le bâton, insigne de sa charge, pour marquer qu'il démissionne, et les Cabans satisfaits courent chez Antoine de Cordes, gentilhomme catholique, lequel leur prodigue de belles paroles calmantes, et se mettant à leur tête avec Palamède de Marck de Châteauneuf, s'en va avec eux arrêter les suspects, commençant par ses propres parents et amis, et les mène au château où il les laisse en sûreté sous la garde des soldats. C'est ainsi qu'ils furent sauvés.

L'émeute dura cinq jours. Durant deux nuits entières, les Cabans déambulèrent par les rues avec sarments et bouchons de paille flambant au bout de leurs bâtons, langues de bœuf et pertuisanes, criant : « Au feu, au feu ! Vivent Cabans ! Meurent luthériens ! » menant grand tapage de tambours et trompettes, et illuminés par les lampes et lumières veillantes dont les fenêtres des maisons se trouvaient prudemment garnies pour les éclairer. La boutique et le logis du second consul Louis Paul, fort suspect de donner dans les idées nouvelles, furent pillées ; celles de son frère aussi. Une pauvre vieille, dont le fils avait été arrêté, fut assommée près de la porte Saint-Lazare et traînée jusqu'à la léproserie où une brute lui coupa la tête à coups de coignée. Maître Michel Nostradamus ne devait pas être rassuré.

Le 2 mai, il y eut dans la maison commune assemblée des officiers de la ville et d'environ trois cents notables. On y régularisa la nomination forcée d'Antoine de Cordes en qualité de viguier, élut quatre lieutenants au capitaine, noble Jean d'Isnard, parmi lesquels fut Adam de Craponne, prit diverses mesures contre les suspects, plus apparentes que réelles, pour satisfaire le populaire ; et l'on pria enfin le vicaire général de l'archevêque d'Arles (celui-ci était seigneur de Salon) de faire faire des informations.

Huit jours plus tard arriva le fameux baron de la Garde, lieutenant du roi en Provence, escorté du grand prévôt. Il demanda qu'on lui livrât les suspects d'hérésie, mais on lui répondit que l'enquête du vicaire général de l'archevêque était en bonne voie, et on lui fit don d'un tonneau de vin, moyennant quoi, et ses dépenses payées, ainsi que celles du prévôt, il s'en alla. Après quoi le conseil de ville acheva de noyer le poisson : presque toutes les familles nobles ou riches de la ville étaient alliées entre elles et l'on sait la puissance des liens de ce genre sous l'Ancien Régime. On s'occupa donc activement de blanchir les suspects. Et puis Antoine de Cordes fut remplacé comme viguier par noble Guillaume de Brunet qui ne passait pas pour trop bon catholique. Bref les « gens de bien » n'étaient pas trop contents, mais ils le furent moins encore quelque temps après.

Si le premier consul devait être gentilhomme, le second et tous les autres officiers pouvaient être roturiers : le meneur des Cabans, Villermin dit Curnier, fut élu second consul. La température froide de cette année-là avait retardé les récoltes ; mais, le 1 er juillet, presque tous les paysans durent s'en retourner à leurs champs. Or dès le lendemain, entre sept et huit heures du soir, Curnier reçut un coup d'arquebuse qui lui fit entrer dans le corps plusieurs anneaux de la cotte de mailles qu'il portait, et mourut en une heure après avoir souffert un vrai martyre. Aussitôt le tocsin de sonner et les Cabans qui étaient encore présents dans la ville de galoper par les rues, hurlant : « Les luthériens ont tué

notre consul ! Zou ! Mort à cette canaille ! » Mais ils étaient peu nombreux et le populaire ne suivit pas, tellement qu'à minuit, voyant les maisons fermées et toutes les lumières éteintes, ils regagnèrent leurs logis.

Le lendemain le conseil de ville décida officiellement de poursuivre les assassins, mais rien ne fut fait, et non seulement la veuve de la victime, Catherine Galine, requit vainement le premier consul et les officiers de la ville de suivre l'affaire, mais les héritiers de Curnier durent faire procès pour être payés des gages qui lui étaient dus pour son consulat. Puis Louis Paul, poursuivi pour hérésie, reçut des lettres de justification du baron de La Garde, et fut réintégré au conseil. Là-dessus le roi rendit son édit du 24 août 1560 accordant l'amnistie aux suspects de calvinisme. Les catholiques réagirent comme ils purent à Salon, en s'affiliant en masse à la confrérie des Battats (battus, flagellants), presque tombée en désuétude, et en fondèrent même une autre. Au total personne ne fut content.

Nostradamus était assez mal vu des cabans ; sa réputation d'astrologue, ses prédictions les inquiétaient ; toutefois, catholique déclaré, il n'avait pas été molesté. Que d'inquiétudes, pourtant ! Et puis allez donc travailler au milieu de l'émeute ! D'ailleurs les gens d'étude ne sont pas des gens de guerre, n'est-ce pas ?... Aussi dut-il se féliciter lorsqu'il vit arriver les soldats du roi.

A la fin de 1561 des troubles autrement graves que ceux de Salon s'étaient déroulés à Aix, où Jean de Nostredame, son propre frère, s'était signalé de telle sorte qu'il alla en prison. Le comte de Tende, gouverneur de la province, prit le parti d'assembler les États à Salon, mieux fortifiée (ses remparts étaient tout neufs) et moins populeuse. Ordre fut donc donné aux consuls de lever cent vingt hommes pour sa garde et de préparer des logements pour les deux cents hommes de la compagnie du capitaine Antoine de Marck, sieur de Tripoly, lequel devait courir sus au sieur des Porcellets qui, à la tête de bandes se disant catholiques, avait battu la campagne de Saint-Chamas à Lançon, puis jusqu' à Salon , maltraitant les luthériens et pillant leurs boutiques et maisons. Là-dessus fut rendu l'édit de janvier 1561, qui autorisait les prêches. D'où nouveaux troubles à Aix, où le roi envoya le comte de Crussol, Antoine Fumée, membre du Grand Conseil, et Antoine Ponat, conseiller au parlement de Grenoble, lesquels vinrent d'abord prendre langue à Salon, auprès du comte de Tende. Et c'est alors que commencèrent les grandes guerres qu'on connaît, illustrées notamment par les gentillesses du baron des Adrets . Mais Salon resta calme et tranquille, maintenue en paix par la poigne solide du comte de Sommerive, fervent catholique et gouverneur général de la province. C'est à peine si, le 6 septembre 1562, le conseil de ville, avisé que des gens de la nouvelle religion voulaient passer la Durance, envoya quatre hommes à cheval le long de la rivière pour les surveiller, ou si, le 22 mars 1563, il manda trente hommes de renfort, dont douze à cheval, à Orgon pour la même raison.

Cependant, ce Nostradamus suspect au populaire ignare de Salon l'était si peu aux princes de l'Église, que, de l'argenterie ayant été volée à Orange, l'évêque même lui écrivait pour le prier d'aider à la retrouver. La réponse qu'il fit existe encore. Elle commence par un horoscope formidable, auquel pourtant le texte ne fait aucune allusion (ô prudence !); puis l'astrologue prédit que, si le voleur ne restitue pas sur-le-champ les objets dérobés, il sera frappé de la peste et trépassera d'une manière horrible ; enfin il engage vivement le prélat à publier cette prophétie, l'assurant qu'ensuite l'argenterie sera rendue. On ne sait malheureusement quelle suite eut cette affaire.

Le 19 mars 1563 le roi Charles IX signa à Amboise son édit de pacification et, un an plus tard, il entreprit avec la reine-mère et la Cour ce grand tour de France qui dura près de deux ans, de province en province, de bonne ville en

bonne ville, de château en château. C'est durant ce voyage, en juillet 1564, que le roi accorda à la cité de Salon des armoiries nouvelles et le droit d'avoir un troisième consul. Le 24 septembre, il entrait en Avignon où il séjourna trois semaines. Puis la caravane royale reprit la route, franchit la Durance sur un pont de bateaux, dîna à Château-Renard et s'en vint coucher à Saint-Rémy le 16 octobre.

Depuis un mois les consuls de Salon faisaient arranger les appartements du château, réparer les chemins et sabler les rues, où l'on jetait du romarin pour l'odeur. Mais tous les riches bourgeois avaient quitté la ville en raison d'une peste qui venait de faire périr quatre cents personnes en quelques mois. Aussi, lorsque les fourriers royaux arrivèrent, la cité était en grande partie déserte. En toute hâte des courriers furent envoyés pour inviter les habitants à revenir, sous peine de châtiments sévères, afin de préparer les logements des gens du roi. Charles IX, pendant ce temps-là, attendait au Touret, une maison de campagne des environs, où on l'avait fait arrêter pour dîner. Enfin, l'après-midi, il entra dans la ville par le portail Saint-Lazare.

Durant son voyage, c'était partout à peu près le même cérémonial. Les rues étaient ornées et tapissées, le corps de ville en robe de velours présentait les clés d'argent à l'entrée des portes, le roi à cheval avançait sous un dais par les rues sablées, les cloches sonnaient ... Charles IX n'avait pas tout à fait seize ans. Il était couvert, le jour de son entrée à Salon, d'un manteau de velours violet cousu d'argent, coiffé d'un béret violet entouré d'une rivière de diamants et surmonté d'un panache blanc ; et deux gros diamants encore, suspendus à ses oreilles par des chaînettes d'or, effleuraient la collerette de dentelle du jeune roi. Il fut reçu sous le dais de damas violet et blanc par noble Antoine de Cordes et par Jaume Paul, consuls, accompagnés des autres officiers de la ville ; sire Jaume Paul devait être anobli l'année suivante et devenir co-seigneur de Lamanon. M. de Cordes avait prié Nostradamus, dont il était grand ami, de se joindre au corps de ville, mais celui-ci s'en était excusé et s'était mêlé au commun. Toutefois, le premier consul l'ayant désigné au roi, Charles IX lui fit un signe de la main et un sourire, à quoi il répondit par une grande révérence en prononçant, comme saisi d'enthousiasme : Vir magnus bello, nulli pietate secundus ! Après quoi, tourné vers la foule, où se voyaient beaucoup de ces cabans qui le traitaient naguère de visionnaire, il s'écria éloquemment : O ingrata patria, veluti Abdera Democrito ! comme pour dire : « O terre ingrate à qui je donne quelque nom, vois l'état que mon roi daigne faire de moi ! »

Après cela, il accompagna Charles IX jusqu'au château, marchant à côté de son cheval, son bonnet d'une main et s'appuyant de l'autre sur un très beau jonc des Indes emmanché d'argent, car il était fort tourmenté de cette douleur pédestre que le vulgaire nomme goutte. Il allait ainsi au son des fanfares, pendant que le peuple criait de toutes ses forces : « Viva lo rey ! Viva la sancta messa ! » Et sachez que le roi le fit entrer dans sa propre chambre pour causer avec lui, et que le soir il présenta sa famille tout entière à Sa Majesté, y comprise une « fille de lait » qu'il avait, c'est-à-dire un poupon.

Le lendemain matin, la reine Catherine le fit venir pour prédire l'avenir de son fils Alexandre, duc d'Anjou, et, après avoir bien examiné l'enfant et avoir fait promettre aux personnes qui étaient là d'être discrètes, il annonça que le jeune prince succéderait à son frère. C'est du moins ce que rapporte une tradition ancienne. Mais deux dépêches de Don Francès de Alava, qui nous sont restées, parlent de la « légèreté » de Catherine et signalent avec dédain sa foi aux astrologues : en répétant ce que Nostradamus lui avait dit, écrit Don Francès, « elle avait le même air de confiance que si elle eût cité saint Jean ou saint Luc ». Le devin avait annoncé que Charles IX épouserait la reine Élisabeth d'Angleterre ; mais Élisabeth ne put avoir tous les maris qu'on lui avait prophétisés et la prédiction ne s'accomplit pas.

Nostradamus fut plus heureux avec Henri de Navarre, le futur Henri IV, qui accompagnait le roi et la reine-mère. Un matin, à son lever, il voulut le voir nu ; cela se passait dans la maison d'un bourgeois de Salon, Tronc de Coudoulet, voisine du château. Le gouverneur y consentit et Nostradamus fut introduit au lever du jeune prince, qui n'avait pas onze ans, dans le temps qu'on lui donnait la chemise. L'enfant ne voulait d'abord se laisser examiner, intimidé par la grosse barbe du devin et craignant aussi qu'on ne lui voulût donner le fouet ; mais, rassuré, il se laissa faire et, l'ayant contemplé fort longtemps, Nostradamus annonça qu'il aurait « l'héritage ». Si Dieu, déclara-t-il au gouverneur, vous fait grâce de vivre jusque-là, vous aurez pour maître un roi de France et de Navarre. Henri IV plus tard raconta plus d'une fois cette histoire à la reine sa femme, s'il en faut croire, du moins, Pierre de l'Estoile.

Charles IX quitta Salon le 18 octobre 1564 après-midi, et gagna Lambesc où il coucha ; puis il continua son voyage. Le débordement du Rhône le retint à Arles pendant huit jours. Il y manda Nostradamus qui fut à nouveau questionné par la reine. Enfin il lui donna deux cents écus d'or et Catherine cent, sans compter le titre de médecin et conseiller ordinaire du roi pour en jouir avec les gages, honneurs et prérogatives y attachées. Et l'astrologue fut ainsi bien vengé des dédains passés de ses concitoyens.

Malheureusement la maladie l'empêchait de jouir pleinement du respect que les Salonais avaient désormais pour l'homme si flatteusement distingué par le roi. Il continuait d'aider Adam de Craponne de ses deniers : le 30 août 1565, il lui faisait prêter cent écus pistolets par sa femme Anne Ponsard, par devant maître Joseph Roche, notaire royal et tabellion juré, sous la garantie d'Antoine Marck, dit le capitaine de Tripoly. Mais il était fort caduc et « une arthritis et goutte » le torturaient cruellement. Le 17 juin 1566, il manda le notaire pour faire son testament. Il légua à sa fille Magdeleine six cents écus d'or pistolets et à ses autres filles, Anne et Diane, cinq cents écus d'or. A sa chère épouse Anne Ponsard, quatre cents écus d'or, plus certains meubles à l'usage de son habitation. Aux frères de l'Observance de Saint-Pierre-de-Canon, un écu. A la chapelle Notre-Dame-des-Pénitents-blancs, un écu. Aux frères Mineurs conventuels, un écu. A treize pauvres, six sols. Et ses trois fils, César, Charles et André, devinrent ses héritiers universels ; celui qui profiterait le plus à l'étude devait recevoir tous les livres, manuscrits et lettres qu'on trouverait dans sa maison. Sa fortune en argent comptant se composait de trois mille quatre cent quarante-quatre écus et dix sols dont il montra les espèces ainsi spécifiées : trente-six nobles à la rose, ducats simples, cent un angelots, soixante-dix-neuf doubles ducats, vingt-six écus vieux, quatre lions d'or en forme d'écus vieux, un écu du roi Louis, une médaille d'or valant deux écus florins d'Allemagne, huit impériales, dix marionnettes, dix-sept et demi écus sols, huit écus sols encore, quatorze cent dix-neuf écus pistolets et douze cent trois pièces d'or dites portugaloises valant trente-six écus. Joignez qu'il déclara avoir prêté quinze cents écus moyennant billet.

Cependant son arthrite, étant maintenant « passée en hydropisie », le tourmentait, plus que jamais malgré cette recette précieuse qu'il avait publiée dans son Opuscule « pour confire l'escorce de buglosse que les Espagnolz nomment lengua bovina, qui est une conditure cordiale, qui préserve le personnaige de venir hétique ou hydropicque , et tient le personnaige joieux et allègre, chasse toute mélancholie, resjeunit l'homme, retarde la vieillesse, fait bonne couleur au visaige, entretient l'homme en santé, préserve l'homme cholérique ». Vers la fin de juin, il écrivit un jour sur un exemplaire des Éphémérides de Jean Stadius qui lui appartenait : Hic prope mors est, ici proche est la mort. Le 1 er juillet, tard dans la nuit, il dit à son fidèle disciple Jean-Aimé de Chavigny : « Vous ne me verrez pas en vie au soleil levant. » Le lendemain, en effet, jour de la Visitation Notre-Dame, avant l'aube, M. maître Michel Nostredame, docteur en médecine, astrophile, conseiller, médecin ordinaire du roi, expira : l'hydropisie l'avait étouffé en huit jours.

Il fut enterré le même jour, « avec regrets, pompe et suite honorable », à la vieille église des Frères Mineurs. Le deuil fut conduit par Palamède Marck, sieur de Châteauneuf, et par Jacques Suffren, écuyer, qu'il avait choisis pour gaigiers ou exécuteurs testamentaires. On le plaça solennellement dans le tombeau qu'il avait fait construire dans l'épaisseur de la muraille, entre la grande porte et l'autel de Sainte-Marthe. Plus tard César de Nostradamus y fit poser un portrait qu'il avait peint d'après un original de 1561, car il était encore enfant lors de la mort du prophète : c'est un buste compris dans un ovale autour duquel on lit : Clariss. Mich. Nostradamus régi consiliari. medic annum agens LXIII Cœsaris Nostrad filii patricii opus[29]. Aux deux angles supérieurs se voient les armoiries que le devin tenait, nous dit son fils, « tant de ses ayeulx paternels que maternels » (mais n' n croyez rien : elles étaient sûrement toutes neuves) et qui sont de gueules à une roue brisée à huit rayons, composée de deux croix potencées d'argent, écartelé d'or à une tête d'aigle de sable ; devise : Soli Deo. Enfin on inscrivit sur le monument cette épitaphe :

D. M.

CLARISSIMI OSSA
MICHAELIS NOSTRADAMI
UNIUS OMNIUM MORTALIUM JUDICIO DIGNI, CUJUS
PENE DIVINO CALAMO TOTIUS ORBIS
EX ASTRORUM INFLUXU FUTURI EVENTUS
CONSCRIBERENTUR.

29[?] Ce portrait est aujourd'hui à Aix, à la Méjanes. Bareste a fait un buste d' après cette peinture. La Liste des Portraits des Français illustres (au t. IV de la Bibliothèque historique de la France) mentionne huit autres portraits de Nostradamus. Le plus ancien, croyons-nous, est celui de la Chronologie collée, que nous reproduisons dans ce livre.

VIXIT ANNOS LXII , MENSES VI , DIES XVII.
OBIIT SALLONE AN. M.D.LXVI.

QUI ETE M POSTE RI NE INVIDETE . ANNA PONTIA
GEMELLA
CONJUGI OPT. V. FÉLICIT.[30]

30⏃ Ici reposent les ossements du très illustre Michel Nostradamus, le seul au jugement de tous les mortels dont la plume quasi-divine fût digne d'écrire d'après le cours des astres les événements futurs de toute la terre. Il a vécu soixante-deux ans, six mois, dix-sept jours. Il est mort à Salon en l'an 1566. Anne Ponce Gemella souhaite à son époux excellent la vraie félicité.

On raconte que, comme des cabans reprochaient un jour à Nostradamus d'être sorcier et lui promettaient qu'après sa mort le diable viendrait sûrement lo tirassar per los peds, il leur répondit : « Allez, méchants pieds poudreux, vous ne me marcherez jamais sur la gorge, ni pendant ma vie, ni après ma mort. » Il se trompait, le pauvre homme. Au XVII e siècle, le peuple croyait encore qu'il s'était fait enfermer vivant dans son tombeau avec une lampe, du papier, des plumes et des livres, et que quiconque se hasarderait à lever la lame périrait sur-le-champ. Mais cette croyance n'empêcha pas les révolutionnaires de détruire en 1791 l'église des Cordeliers. Les restes et le portrait de Nostradamus, ainsi que celui de son fils (que César y avait joint), furent transportés à Saint-Laurent.

Et l'on sait assez que l'auteur des Prophéties vit encore dans la mémoire des hommes. Certes il s'est trouvé de tout temps des gens pour protester contre la créance accordée à ses quatrains, et cela dès le xvi e siècle, nous l'avons vu[31]. Néanmoins, comme il est naturel, ceux qui ont étudié les prédictions de Nostradamus sont surtout ceux qui y avaient foi. Jean-Aimé de Chavigny vient en tête, qui publiait en 1594 la Première face du Janus françois et, en 1603, ses Pléiades ; puis Jaubert en 1665, Guynaud en 1693, Haitze en 1712, Bouys en 1806, Eugène Bareste en 1840, Anatole Le Pelletier en 1867, l'abbé Torné en 1862, Élisée du Vignois en 1911,

---

[31] Citons encore, notamment, les Nouveaux mémoires d'histoire, de critique et de littérature de l'abbé d'ARTIGNY (1749-1756) et l'Entretien de Rabelais et de Nostradamus (1690).

Charles Nicoullaud en 1914 et une foule d'autres. Il ne saurait être question de reproduire l'amas de ces commentaires plus ou moins ingénieux : il y faudrait une bibliothèque. On se contentera de donner quelque idée des plus célèbres quatrains et de leur traduction la plus plausible d'après ces interprètes.

Nous avons parlé des prétendues prédictions par Nostradamus de la mort d'Henri II et de celle de François II. En voici une autre où l'on veut voir l'annonce de l'assassinat d'Henri III :

Quand chef Pérouse n'osera sa tunique
Sans au couvert tout nud s'expolier
Seront prins sept faict Aristocratique
Le père et fils mort par poincte au colier.

Le Pelletier traduit ainsi : « Quand un souverain de Pérouse n'osera se dépouiller de sa tunique de crainte de se trouver tout nu au lieu de rester couvert, le dernier des sept (les enfants d'Henri II et de Catherine étaient sept, comme on sait) – quel événement considérable, aristocratique ! – sera pris comme ses aînés ; le père et le fils mourront par un coup de pointe au col. » Et Le Peletier paraphrase sa version de la sorte : Quand Sixte-Quint (chef de Pérouse) n'osera excommunier Henri III, de crainte que l'Église romaine (déjà dépouillée en 1534 par le schisme d' Angleterre) ne soit entièrement mise à nu par un schisme gallican, c'en sera fini de la postérité d' Henri II (seront prins sept) par un événement mémorable : Henri III périra comme son père d'un coup de pointe à la gorge. Évidemment tout est dans tout ! Notons pourtant que Sixte-Quint n'a pas songé à excommunier Henri III ; que la postérité d'Henri II n'a pas fini avec Henri III, puisque la reine Margot a continué de vivre ;

et que le coup de couteau de Jacques Clément n'a pas été porté au col, non plus que le coup de lance de Montgommery. A part cela, tout va bien.

> Lorsqu'on verra grand peuple tourmenté
> Et la loy saincte en totale ruine
> Par autres loix toute la Chrestienté
> Quand d'or d' argent trouve nouvelle mine.

Ce quatrain paraît assez clair. On sait que les arrivages d'or et d'argent en Espagne, provenant de l'Amérique du Sud, ont bouleversé l'économie au XVI e siècle. Mais les commentateurs modernes ont préféré voir dans ces vers une prophétie de l'invention du papier-monnaie par Law, ou bien de la création des assignats décrétée par l'Assemblée nationale le 19 décembre 1792, – et pourquoi pas de l'inflation contemporaine ?

> Gand et Bruceles marcheront contre Anvers
> Senat de Londres mettront à mort leur Roy
> Le sel et vin luy seront à l'envers
> Pour eux avoir le règne en désarroy.

Cela s'interprète comme une prophétie de la mort de Charles Ier. Mais seul le second vers s'y rapporte. Gand et Bruxelles n'ont pas marché alors contre Anvers et que signifient les deux derniers vers ? – Autre prophétie sur l'Angleterre :

> Le grand empire sera par Angleterre
> Le pempotam des ans plus de trois cens
> Grandes copies passer par mer et terre
> Les Lusitains n'en seront pas contens.

Le grand empire de l'Angleterre sera tout puissant durant trois cents ans, de grandes troupes (copies) passeront par mer et par terre ; les Portugais n'en seront pas contents. Est-ce que ces troupes, dont le passage fâchera le Portugal, seront anglaises ou, au contraire, marcheront contre la Grande-Bretagne ? Ce n'est pas dit. Mais on a été frappé par le premier vers qui semble prédire la toute-puissance anglaise, à condition de traduire pempotam comme nous avons fait. Et cette toute-puissance, qu'est-ce à dire ? Elle n'existe nullement avant le XX e siècle.

Voici maintenant quelques oracles fameux où l'on a vu des allusions à la Révolution et à l'Empire :

De nuict viendra par la forest de Reines
Deux pars vaultorte Hene la pierre blanche
Le moyne noir en gris dedans Varennes
Esleu cap cause tempeste feu sang tranche.

Il était naturel que les mots de Reines et de Varennes, de feu, sang, tranche attirassent l'attention et semblassent indiquer la fuite de Louis XVI habillé de gris et capturé à Varennes, puis la guillotine. Mais il faut donner ici la traduction de Le Pelletier, c'est une merveille : « Deux époux (deux parts), le Roi délaissé (moyne : seul, en grec !) et vêtu de gris (le noir moyne en gris) et la Reine (Herne, car il suffit de changer l'h en i pour trouver dans herne l'anagramme de reine), cette pierre précieuse vêtue de blanc (la pierre blanche), sortiront de nuit par la porte (forest, c'est, paraît-il, : fores qui signifie porte) prendront un chemin détourné (vaultorte : val tors qui signifie chemin tortu !) et entreront dans Varennes. L'élection de Capet (Cap esleu, autrement dit la transformation de l'antique monarchie

126

absolue en monarchie constitutionnelle) causera la tempête, le feu, le sang, le couperet tranchant (tranche). Il n'y a rien à ajouter.

Puisque nous voilà arrivés à la Révolution, ne manquons pas de citer quelques mots fameux de l'Épître à Henri II : « A l'an mil sept cens nonante deux que l'on cuydera estre une rénovation du siècle », que précèdent ceux-ci : « Et sera le commencement, comprenant ce de ce que durera et commençant icelle année sera faicte plus grande persécution à l'Église Chrestienne qui n'a esté faicte en Afrique », et que suit enfin cette phrase : « Trembleront tous les royaumes de la Chrétienté et aussi des infidèles par l'espace de vingt-cinq ans. » – Mais d'autres astrologues étaient tombés plus juste, et d'abord Turrel, auteur de La Période, c'est-à-dire la fin du monde contenant la disposition des choses terrestres par la vertu et influence des corps célestes composé ... 2 septembre 1531 : « Parlons, dit-il, de la huitième maxime et merveilleuse conjonction que les astrologues disent être faite environ les ans de Notre Seigneur mil sept cens octante et neuf ... et oultre vingt-cinq ans après sera la quatrième et dernière station de l'Altitudinaire firmament. Toutes ces choses considérées et calculées, concluent les astrologues que si le monde jusques-là dure (qu'est à Dieu tant congneu), de très grandes et admirables mutations et altercations seront au monde ; mesmement des sectes et des lois. » Richard Roussat, dans le Livre et estat et mutation des temps prouvant par autorités de l'Écriture sainte et par raisons astrologales la fin du monde estre prochaine (Lyon, 1550), répète à peu près le texte précédent et donne la prophétie comme étant celle de tous les astrologues de son temps. Nostradamus n'était donc pas original dans cette prédiction, qui était alors courante. Cela n'empêche point qu'elle ne soit frappante et, aussi bien, elle a poussé beaucoup de gens de nos jours, à croire à l'astrologie. Mais revenons aux Centuries :

> Des principaux de cité rebellée
> Qui tiendront fort pour liberté ravoir
> Détrancher mâles infelice mêlée
> Cris hurlemens à Nantes piteux voir.

Cela doit se traduire ainsi : les principaux d'une cité révoltée tiendront ferme pour ravoir la liberté ; les mâles, on les détranchera, mêlée malheureuse, cris, hurlements à Nantes, piteux spectacle. Bien entendu, on a reconnu là l'annonce des noyades de Carrier, mais, si l'on y songe, il n'y a pas d'autre raison pour cela que le nom de Nantes.

> Un Empereur naistra près d'Italie
> Qui à l'Empire sera vendu bien cher
> Diront avec quels gens il se ralie
> Qu'on trouvera moins prince que boucher.

Un Empereur naistra près d'Italie ... Et ne peut-on trouver dans les deux derniers vers la prédiction de la noblesse impériale ? Il est d'ailleurs croyable que notre astrologue pense à tout autre chose qu'un empereur des Français (du moins si l'on s'en rapporte à son Épître à Henri II), mais cela ne fait rien ; ce n'est pas mal.

> De la cité marine et tributaire
> La tête rase prendra la satrapie
> Chasser sordide qui puis sera contraire
> Par quatorze ans tiendra la satrapie.

La tête rase ? Le petit tondu, parbleu ! Qui tiendra l'empire quatorze ans. Mais l'empire de quoi ? De « la cité marine et tributaire », dit le quatrain. Cela ne va pas très bien avec la France.

> Le divin mal surprendra le grand prince
> Un peu devant aura femme épousée
> Son appui et crédit à un coup viendra mince
> Conseil mourra pour la tête rasée.

C'est-à-dire (paraît-il) : Peu après son mariage avec Marie-Louise le divin mal prendra Napoléon ; sa puissance décroîtra ; le petit tondu deviendra déraisonnable.

> Le grand Empire sera tost translaté
> En lieu petit, qui bien tost viendra croistre
> Lieu bien infime d'exigüe comté
> Où au milieu viendra poser son sceptre.

C'est l'île d'Elbe ou Sainte-Hélène ; du moins on peut le croire à condition de n'être pas trop sévère, car enfin qui bientost viendra croistre, on ne voit pas très bien ce que cela veut dire ; et puis il n'y a pas de comté.

Passons sur la prédiction du mot de Cambronne que Le Pelletier veut à toute force que le prophète ait entendu, et venons à celle de l'assassinat du duc de Berry :

> Chef de Fossan aura gorge couppée
> Par le ducteur du limier et lévrier
> Le faict par ceux du mont Tarpée
> Saturne en Leo 13 de Fevrier.

Il paraît qu'il y a un lieu dit Fossan dans les anciens États Sardes et Louvet était quelque chose comme palefrenier : alors vous voyez ...

Mais arrêtons-nous là. J'ai choisi les quatrains qui me semblent les plus frappants, quelques vers entre des milliers. On remarquera que dans chaque quatrain certains vers seulement sont à peu près applicables aux événements.

Aussi y a-t-il une école qui estime qu'on ne déchiffrera les Prophéties qu'après en avoir découvert la clé astrologique ; elle est à la recherche de ladite clé. L'un des maîtres, M. Pierre Piobb l'a retrouvée, comme il l'expose dans deux curieux ouvrages et, bien entendu, ses traductions ne sauraient s'accorder avec celles de ses prédécesseurs (on y voit que Nostradamus, bien loin d'être « réactionnaire » comme on l'avait cru, est « franchement républicain »); néanmoins les prédictions ne s'appliquent pas moins bien aux événements de l'histoire tels que nous les connaissons aujourd'hui. Pour donner une idée des résultats auxquels conduit la clé de M. Piobb, contentons-nous de dire que, selon lui, les vers dispersés dans les Centuries et qui prédisent le premier Empire sont les suivants :

Un empereur naîtra près d'Italie (Cent. I, quatrain 60)
De la cité marine et tributaire,[32] (VII , 13)
Qui aura tant d' honneurs et caresses . (VI , 83)
Élu sera renard ne sonnant mot.[33] (VIII , 41)
Un qui de plomb voudra être cupide.[34] (IV , 88)

[32] La Corse.

[33] Élu par ruse, sans mot dire.

[34] Cupidus plumbi, préoccupé de répandre du plomb, des balles.

Dans le Danube et du Rhin viendra boire.[35] (V , 68)
Grande hécatombe, triomphe, faire fêtes, (II , 16)
Puis hors de Gaule du tout sera chassé, (IV , 12)
..... Bellérophon mourir[36]. (VIII , 13)

On peut objecter a priori à tout système mathématique qui prétend déchiffrer Nostradamus que celui-ci a plusieurs fois déclaré lui-même, et formellement, qu'il n'avait pas établi ses Prophéties d'après l'astrologie uniquement, mais aussi selon son inspiration innée de descendant de la tribu d'Issachar ; qu'en outre, il semble indiquer qu'il les a établies également selon la magie (il l'indique discrètement, non ouvertement, c'est vrai, mais il y était obligé sous peine de poursuites dont il eut toute sa vie terriblement peur). Bref, il se serait servi : 1° de l'astrologie ; 2° de sa propre inspiration innée ; 3° de la magie. D'où il résulte qu'une clé mathématique ne devrait pas pouvoir s'appliquer.

Enfin, en admettant que Nostradamus ait composé ses Prophéties selon des calculs purement astrologiques, c'est-à-dire scientifiquement (du point de vue de son temps), et par conséquent qu'il puisse y avoir de son œuvre une clé rigoureusement mathématique, M. Piobb a-t-il vraiment retrouvé celle-ci ? (Il est plus que sobre d'éclaircissements techniques sur sa méthode.) Voici ce qui m'en fait douter : selon son système, le devin a prédit exactement les événements de l'histoire antérieurs au livre de M. Piobb (qui est de 1927), mais d'une façon parfaitement fausse les faits

35⊡ Ex Rheno, venant du Rhin.

36⊡ Il résulte du système, paraît-il, que les premiers mots de ce vers doivent être écartés et ne sont qu'une indication de manœuvre de la clé.

postérieurs, tels que M. Piobb nous les expose, du moins autant que nous pouvons en juger en 1933, après six ans écoulés. Il est difficile de croire que la clé puisse être bonne et Nostradamus clairvoyant jusqu'à l'époque exactement où M. Piobb fait paraître son ouvrage, et que la clé et l'astrologue perdent leurs qualités aussitôt après.

Il semble bien, d'ailleurs, qu'on puisse retrouver dans les quatrains le souvenir de certains faits antérieurs à leur composition. Si c'est vrai, comme il semble, le prophète ne prédit pas : il postdit, et, en ce cas, le soin de tourner ses vers ambigus a dû bien l'amuser. En outre, à lire les Centuries d'un œil non prévenu, on y croit voir assez souvent le reflet des inquiétudes causées à leur auteur, non certes par l'anticléricalisme de la Révolution française, mais par les guerres de religion qu'il voyait commencer au royaume au temps où il écrivait ...

Laissons tout cela, car il faudrait un autre volume pour le justifier, et constatons seulement qu'il est bien curieux de comparer entre eux les interprètes du devin. Ils s'accordent mal : il n'y a peut-être pas un seul quatrain qui ait reçu de tout le monde la même interprétation ; certains en ont autant que de commentateurs ... Ah ! merveilleux Nostradamus , habile homme ! Son ambiguïté est infinie, l'ingéniosité de ses lecteurs aussi ; ne doutons pas que, dans quelques siècles, on ne continue à trouver de nouveaux sens aux Centuries : le goût des énigmes, charades, mots croisés, etc., et notre soif de connaître l'avenir sont éternels.

La vie de Nostradamus n'a pas encore été étudiée avec critique. Il en serait pourtant grand besoin, car comme celle de Rabelais et de tous les personnages qui ont beaucoup parlé à l'imagination populaire, elle est encombrée de légendes. MM . Jean Moura et Paul Louvet ont fait paraître, en 1930, une Vie de Nostradamus (Paris, N. R. F.) qui est fortement romancée et où ils se sont moins efforcés, cela va de soi, de dégager la vérité que de plaire. En revanche M. Eugène F. Parker a publié, en 1923, dans la Revue du XVI e siècle, sous le titre de la Légende de Nostradamus et sa vie réelle, deux articles où il prétend établir les faits avérés ; mais il ne semble pas que l' auteur de ce travail ait pris la peine de lire attentivement les œuvres du prophète, car il ne tient pas compte de toutes les dates qui y sont données, alors, qu'au contraire il admet des données extrêmement discutables. Il est certain qu'on trouverait dans les archives des renseignements précieux. Souhaitons que des érudits au fait des bonnes méthodes et doués d'esprit critique s'intéressent à ce curieux Nostradamus qu'aucun d'eux n'a étudié jusqu'à présent. Quel beau sujet de thèse pour un chartiste ! Naturellement, c'est surtout la première partie de sa vie, celle qui a précédé l'époque de sa célébrité, qui est obscure.

Que nous en dit-il lui-même ? Il dit dans l'Opuscule, p. 3 : « Après avoir consommé la plus grande part de nos jeunes ans, ô lecteur bénévole, en la pharmaceutrie et à la cognoissance et perscrutation des simples par plusieurs terres et pays despuis l'an 1521 jusques en l'an 1529, incessamment courant pour entendre et savoir la source et origine des plantes ... » Ailleurs, il parle d'un présent de gelée de coings qui, en 1526, fut fait en Avignon au grand maître de Rhodes, comme s'il se fût lui-même trouvé dans cette ville à ce moment-là. Ailleurs encore, il indique qu'il était à Bordeaux en 1539 ; à Lyon « l'an 1547 de peste »; à Gênes à la fin de 1548 ou en 1549 (« Moy-mesme, dit-il dans l'Opuscule, p. 59, il y a trois ans que je cherchois par toute la cité de Gennes ... »; et à la fin de l'épître liminaire de l'Opuscule, on lit : « Toy disant à Dieu de Saint Rémy en Provence, dite Sextrophæa, ce premier jour d'avril mil cinq cens cinquante deux, composé à Salon de Craux en Provence », ce qui signifie que cette préface a été achevée à Saint-Rémy le 1er avril 1552 et le livre composé à Salon, auparavant bien entendu, donc dans les premiers mois de 1552, vraisemblablement, ou au plus tôt à la fin de 1551).

J.- A. de Chavigny qui fut, semble-t-il, le disciple de Nostradamus, mais ne pouvait tenir ses renseignements, sur la jeunesse de son maître que par ouï-dire, écrit dans la Première face du Janus françois (1594).

Il fut envoyé en Avignon pour apprendre les lettres humaines. De là, il vaqua fort heureusement à la philosophie et théorie de médecine dans l'Université de Montpellier jusques à ce que, à l'occasion d'une pestilence qui survint au pays, il prît sa route vers Narbonne, Toulouse, Bordeaux, auxquelles villes et cités donnant ses premiers coups d'essai, il tira pour la première fois fruit de ses labeurs, et lors il menait l'an vingt-deux de son âge. Ayant séjourné quatre ans en ces quartiers, pratiquant la médecine, il lui sembla bon de retourner à Montpellier pour se reposer et passer au doctorat : ce qu'il fit en peu de temps, non sans épreuve, louange et admiration de tout le collège. Passant à Toulouse, il vint à Agen, ville sur la rivière de Garonne , où l'arrêta Jules-César Scaliger, personnage de signalée et rare érudition, ainsi que chacun sait, avec lequel il eut grande familiarité qui toutefois se changea quelque temps après en forte rivalité et pique, ainsi qu'il advient souvent entre les doctes et se peut colliger par leurs écrits. Là, il prit pour femme une fort honorable demoiselle, de laquelle il eut deux enfants, mâle et femelle, lesquels décédés, se voyant seul et sans compagnie, il prit le parti de se retirer définitivement en Provence, son pays natal. Arrivé à Marseille il vint à Aix, Parlement de Provence, où il fut trois années aux gages de la cité du temps que la peste s'y éleva, en l'an du Christ 1546, si furieuse et cruelle, telle que l'a décrite le sieur de Launay en son théâtre du Monde[37], selon les vrais rapports qui lui furent faits par nostre auteur. De là venant à Salon de Craux, ville distante d'Aix d'une petite journée et à moitié chemin d'Avignon et Marseille, il se maria en secondes noces. Ce fut là que, prévoyant les insignes mutations et changements qui adviendroient dans toute l'Europe (...), il se mit à écrire ses Centuries et autres Présages ...

Un savant docteur, Jean Astruc, a publié en 1767 des Mémoires pour servir à l'histoire de la Faculté de médecine de Montpellier, pour lesquels il a tout au moins parcouru les archives de la Faculté et qui sont à l' ordinaire fort bons. Mais, en dehors de cela, comment s'est-il renseigné sur Nostradamus à qui il consacre une de ses notices ? On ne sait. Il déclare, d'après Chavigny peut-être, que la peste qui survint à Montpellier obligea Nostradamus d'en sortir après avoir commencé ses études (« philosophie et théorie de médecine », dit Chavigny). Nostradamus séjourna « près de quatre ans, dans le Haut-Languedoc, à Toulouse, Bordeaux et dans la plupart des villes qui sont sur la Garonne. Il revint ensuite prendre ses degrés à l'Université de Montpellier ». Sa « matricule » (qu'Astruc avait vue) est du 23 octobre 1529. «

---

37 Nous n'avons pu retrouver cet ouvrage.

Peu après » il obtint le grade de docteur sous la présidence d'Antoine Romier. « Il y fut même professeur, s'il en faut croire certaine relation », mais peu de temps. Ensuite il retourna à Toulouse où il noua d'agréables commerces. « On montre, dans cette ville, la maison qu'il habita. » Il revint dans sa patrie en 1543 ou 1544, à quarante ou quarante et un ans. « Ses amis lui ayant moyenné un mariage avantageux à Salon avec une demoiselle de bonne maison, nommée Anne Ponsart », il s'y rendit. « La communauté d'Aix le pria par une délibération solennelle en 1546 de venir arrêter les progrès de la contagion. » Appelé ensuite à Lyon il y eut, en arrivant, « quelques contestations avec Jean-Antoine Sarrazin, un des médecins les plus accrédités de cette ville[38] ». En 1789 parut un ouvrage anonyme : La Vie et le Testament de Nostradamus. C'est une apologie anonyme du devin, que sa date rend naturellement fort suspecte. Toutefois l'auteur y déclare qu'il utilise des papiers provenant de J.-A. De Chavigny et prouve, en effet, qu'il a connu certaines pièces intéressantes en analysant le testament de Nostradamus. Il y est dit qu'ayant achevé en Avignon ses humanités et sa rhétorique, Nostradamus y commença l'étude de la philosophie, puis passa à Montpellier pour apprendre la

[38] Les biographes de Nostradamus répètent tous cela, sans remarquer que leur héros lui-même parle, non de Jean-Antoine, mais de « Phil . Sarracenus ». Or, Scaliger avait mis son fils en 1538 chez Philibert Sarracenus, qui était dès lors fort suspect de protestantisme et cela fut même cause de quelques difficultés qu'il eut (R. COPLEY CHRISTIE, Étienne Dolet, trad.). Il est probable que les différends de Nostradamus et de Philibert Sarrazin (j'ai cité ci-dessus ce que le premier en dit) remontaient à ce temps-là, mais ils éclatèrent lorsque tous deux se retrouvèrent à Lyon. Cette remarque permet, en outre, de conclure que Nostradamus était à Agen en 1538.

médecine. Mais , « étant survenu une peste dans cette ville, il en sortit pour aller du côté de Toulouse et de Bordeaux », où quoique non pas même docteur et âgé seulement de vingt-deux ans, il mit en pratique ce qu'il savait. « Après avoir roulé quatre ans le long de la Garonne, il retourna à Montpellier », où il conquit son doctorat à vingt-six ans. Puis il se rendit « vers les mêmes endroits où il avoit commencé d' exercer la médecine », s'arrêta à Agen « à la considération de Jules-César de Lescalle », se brouilla avec lui, se maria, perdit sa femme et les deux enfants qu'elle lui avait donnés, quitta Agen après quatre ans de séjour, voyagea huit ans, parcourut l'Italie et la France, pratiquant et apprenant ce qu'il expose « dans ses deux Opuscules sur les fards et les confitures », et, après avoir roulé dix ou douze ans, gagna Marseille. « Il n'y fut pas plus tôt arrivé que ses amis de Provence » lui moyennèrent un nouveau mariage à Salon, « où il se rendit vers 1544 » et se fixa. Quelques années plus tard il fut appelé à Aix pour l'épidémie de 1546, qu'il vainquit, ce qui lui valut d'être entretenu ensuite « pendant quelques années aux dépens du public comme une personne de grand mérite ». Toutefois, en 1547, il fut appelé à Lyon pour y soigner une maladie contagieuse. Enfin il se retira définitivement à Salon.

Voilà les quatre sources principales par lesquelles on connaît la jeunesse de Nostradamus. Divers documents nous permettent d'y ajouter quelques détails ; nous les avons signalés en temps et lieu.

On observera que nos quatre sources ne s'accordent pas toujours. Il est évident qu'en principe les renseignements que nous tenons de Nostradamus même doivent primer ceux que nous tenons de Chavigny, lesquels ont des chances de se trouver plus exacts, dans l'ensemble, que ceux que nous tirons des deux autres sources puisque Chavigny avait bien connu le prophète, – sauf, toutefois, en ce qui concerne le séjour de Nostradamus à Montpellier sur lequel Astruc doit être le mieux documenté puisqu'il a eu des pièces d'archives sous les yeux. Partant de là, voici ce qu'on peut conclure, sauf erreur :

Deux faits sûrs, c'est que Nostradamus était né le 23 décembre 1503 et, d'autre part, qu'il fut immatriculé à Montpellier le 23 octobre 1529. Chavigny dit qu'il quitta Montpellier à vingt-deux ans, donc en 1525, et qu'après avoir voyagé quatre ans dans le midi de la France, il s'en revint à Montpellier ; nous venons de voir, en effet, qu'il y fut inscrit en 1529. A vrai dire, Nostradamus lui-même nous apprend qu'il « consomma » ses jeunes années, depuis 1521 jusqu'à 1529, « incessamment courant pour entendre et savoir la source et origine des plantes ». Mais incessamment courant ne doit pas se prendre au pied de la lettre : il veut faire valoir sa science en matière de drogues et de confitures, et la peine qu'il s'est donnée pour l'acquérir. En effet, ce qu'il nous dit de ses voyages montre que ceux-ci comportaient de longs séjours dans diverses villes et contrées. Il est donc probable qu'il date le commencement de ses voyages de son premier départ de Saint-Rémy pour l'Université d'Avignon, où il étudia durant quelques années et d'où il alla à Montpellier, puis dans les villes de Languedoc et de Guyenne, demeurant plus ou moins longtemps dans chacune d'elles, pour revenir ensuite prendre ses grades à Montpellier.

Or, en 1521, il avait dix-huit ans. Il est normal qu'il se soit rendu à l'Université d'Avignon à cet âge ; il acheva sa philosophie à Montpellier et apparemment y conquit donc le titre de maître ès arts, correspondant, si l'on veut, à notre baccalauréat et nécessaire pour être inscrit à la Faculté de médecine. Chavigny dit qu'il y apprit « la philosophie et théorie de médecine » : la philosophie comprenait, en effet, les sciences, c'est-à-dire une première étude des ouvrages savants des anciens, parmi lesquels ceux qui s'occupaient de médecine. On remarquera, d'ailleurs, que Chavigny semble faire une différence entre ce qu'il appelle la « théorie de médecine » et la médecine proprement dite que Nostradamus étudia une fois qu'il fut régulièrement inscrit. Lorsque l'auteur de la Vie et le Testament déclare qu'il conquit son doctorat à vingt-six ans, c'est qu'il interprète mal le fait de la « matricule » en 1529 et comprend mal Chavigny. Il était à peu près impossible d'être docteur à vingt-six ans, et si un pareil exploit s'était produit à Montpellier, le souvenir en serait resté célèbre : or, il ne paraît pas que le séjour de Nostradamus y ait beaucoup marqué.

Tout va donc bien jusqu'ici. Il n'y a qu'une difficulté : Chavigny, Astruc et l'auteur de la Vie et le Testament déclarent que ce fut la peste qui lui fit quitter Montpellier après sa philosophie. Je n'ai pu m'assurer qu'il y ait eu une épidémie à Montpellier en 1526. Je sais, en revanche, qu'il y en eut une qui s'étendit à tout le Midi en 1528-29. Nostradamus dut la rencontrer au cours de son voyage, mais ce ne peut être elle qui le fit partir.

Autre chose. Chavigny et l'auteur de la Vie et le Testament (ce dernier d'après Chavigny apparemment) s'accordent à nous dire qu'il exerça la médecine durant ce premier voyage qu'il fit en Languedoc et Guyenne : cela se peut-il, quand il n'avait encore que ses lettres de maître ès arts, grade qui correspondait à peu près à notre baccalauréat et qu'il était nécessaire de posséder avant de s'inscrire comme étudiant en médecine ? Non, a pensé en 1789 l'auteur de la Vie et le Testament, et c'est là, en partie, ce qui lui fait croire que Nostradamus était déjà bachelier en médecine à vingt-deux ans, quand il partit pour son voyage et, par conséquent, que quand il revint à Montpellier, en 1529, ce ne pouvait être que pour conquérir le grade de docteur. Mais la profession médicale n'était pas aussi bien réglementée au xvi e siècle qu'à la fin du XVIII e, sinon en théorie, du moins en pratique, et c'est ainsi que Rabelais, par exemple, ne se priva pas de prendre le titre de docteur avant d'y avoir droit : Nostradamus put fort bien se mettre à soigner les gens, étant simple maître ès arts et avant d'être bachelier en médecine, grade qui officiellement en donnait le droit. Peut-être commença-t-il à exercer l'art médical en 1528 seulement, lors de la « pestilence » qui se répandit dans tout le Midi.

Le voilà donc qui prend, en 1529, son inscription d'étudiant en médecine à Montpellier. Combien de temps y resta-t-il, autrement dit : combien de temps lui fallut-il pour devenir docteur ? Antoine Saporta, inscrit en 1521, fut docteur en 1531 : dix ans. Guillaume Rondelet, inscrit en 1529, le fut en 1537 : huit ans. Rabelais, inscrit en 1530, le fut en 1537 : sept ans ; il est vrai que peu après son baccalauréat il partit, resta plusieurs années absent et ne revint prendre sa licence et son doctorat qu'en 1537 ; mais, d'autre part, il eut toutes les dispenses et facilités possibles que lui valurent sa notoriété et l'amitié de Jean Schyron. La Faculté de Montpellier accordait très difficilement les dispenses et il ne paraît pas que Nostradamus en ait obtenu aucune. Il lui fallut donc, comme le commun des mortels, suivre les cours durant trois ans avant d'être admis à se présenter au baccalauréat ; mais combien de temps s'écoulait entre le baccalauréat et la licence, entre la licence et le doctorat ? Deux ans au minimum, semble-t-il. Au total il n'était donc guère possible que les études médicales prissent moins de cinq années, et à l'ordinaire elles en prenaient sept, je crois. Astruc écrit que notre homme, une fois docteur, fit un cours et demeura quelque temps à Montpellier, c'était là apparemment un usage assez répandu. Bref on peut estimer que Nostradamus resta à Montpellier de 1529 à 1535 pour le moins.

Puis il repartit. « Passant à Toulouse, il vint à Agen » (Chavigny) où il fréquenta chez J.-C. Scaliger. Celui-ci avait mis son fils à l'école ouverte dans cette ville par Philibert Sarrazin, bientôt hérétique reconnu, ce qui lui valut à lui-même d'être soupçonné d'hérésie en 1538 (Copley Christie, Étienne Dolet, p. 117). Nostradamus lui-même aurait été cité à comparaître en 1538 « par devant l'inquisiteur envoyé de Toulouse à Agen » (Louvet et Moura, p. 83). Il écrit dans son Opuscule, p. 216- 220 : « La non pareille cité de Lyon estoit n'y a guières pourveue d'un notable personnaige de l'incomparable sçavoir, qui est Phil. Sarracenus, qui des miens premiers principes , moy jà aagé, l'avois instigué, que j'ay ouy dire qu'il s'est retiré à Ville Franche. Illi nec invideo, mais il me semble que, selon sa doctrine, qu'il ne devoit aller là, car leur règne ne sera guières durable »; autrement dit il avait enseigné ses « premiers principes » (de médecine ?) à un certain Phil. Sarrazin, qui devint médecin à Lyon, et qui depuis s' est retiré à Villefranche ; dans la dernière phrase, il fait allusion aux opinions religieuses de ce Sarrazin : on sait que Nostradamus ne perd jamais une occasion de jeter la pierre aux huguenots. Ailleurs, il déclare qu'il était à Lyon « l'an 1547 de peste ». Enfin Astruc nous dit qu'il y eut « quelques contestations avec Jean-Antoine Sarrazin, un des médecins les plus accrédités de cette ville », ce que l'auteur de la Vie et le Testament confirme, en appelant l'ennemi de Nostradamus « Sarracen ». Il est évident qu'Astruc confond Philibert Sarrazin, bien connu comme huguenot, avec Jean-Antoine Sarrazin, médecin célèbre ; mais ce qu'il y a de surprenant, c'est que tous les biographes de Nostradamus, y compris M. Parker, ont parlé de Jean-Antoine après lui, sans se reporter aux textes.

On peut conclure des faits qui viennent d'être énoncés : 1° que, si les rapports de Nostradamus et de

Philibert Sarrazin s'envenimèrent à Lyon, ce fut bien moins pour des raisons de rivalité médicale, comme on l'a dit, que parce que notre homme craignait d'être compromis à nouveau, quant à ses opinions religieuses, par Sarrazin ; 2° que c'est, selon toute probabilité, à Agen qu'ils s'étaient rencontrés et que Nostradamus avait enseigné l'autre plus jeune que lui ; 3° que Nostradamus était à Agen en 1538, au moment où Scaliger fut soupçonné d'hérésie. Enfin il est fort possible que son voyage à Bordeaux en 1539 (date qu'il nous donne lui-même) ait été déterminé par cette citation à

comparaître devant l'inquisiteur (si elle eut lieu réellement), ou, en tout cas, par la crainte où il fut lorsqu'il vit Scaliger inquiété pour ses rapports avec Sarrazin avec lequel lui-même était lié.

Retenons seulement, pour le moment, qu'il était à Agen en 1538. L' auteur de la Vie et le Testament assure qu'il y séjourna quatre ans et c'est vraisemblable : en tout cas, il ne put guère se marier, avoir deux enfants et les perdre ainsi que son épouse en moins de quatre ans. Nous ne savons malheureusement pas si l' année 1538 marque la date de son arrivée à Agen, ou celle de son départ, ou s'il faut la comprendre dans le laps de temps qu'il y passa, autrement dit si son séjour dans la ville de Scaliger eut lieu de 1534 à 1538, 1535 à 1539, 1536 à 1540, 1537 à 1541 ou 1538 à 1542. Notons qu'il paraît peu probable qu'il soit arrivé à Agen, venant de Montpellier et Toulouse, dès 1534 ou 1535, et par conséquent que ses études médicales à Montpellier n'aient duré que de 1529 à la fin de 1533 ou de 1534. Mais nous manquons de renseignements précis sur les études médicales de Nostradamus à Montpellier, de sorte qu'on ne saurait nullement trancher la question.

Quoi qu'il en soit, après la mort de sa première femme et des deux enfants qu'il en avait eus, il quitta Agen et voyagea. Où alla-t-il ? Selon des traditions fort douteuses, il aurait été en Lorraine, mais en admettant que ce soit vrai, il n'est pas sûr le moins du monde que ce soit vers cette époque-là ; lorsqu'il s'y trouvait, en effet, il prophétisait déjà

et son premier almanach, à ce que dit le Manuel du Libraire, a paru en 1550 ; s'il est allé en Lorraine, c'est donc beaucoup plus tard, vraisemblablement. Voyons ce qu'il nous dit lui-même. Il nous apprend qu'il était à Bordeaux (d'où il se rendit vraisemblablement à La Rochelle) en 1539, et qu'il a parcouru la Guyenne, le Languedoc, le Dauphiné, le Lyonnais et le Piémont, passé à Toulouse, Narbonne, Carcassonne, Aix, Valence, Vienne, Lyon, Gênes, et par la Savoie ; malheureusement, faute de chronologie, il est impossible de savoir quel fut au juste son itinéraire, et si ce n'est pas au cours de son premier voyage, entre 1525 et 1529, qu'il a visité une partie de ces villes, ou même au cours de voyages subséquents à celui dont nous nous occupons ici. Pour y voir un peu plus clair, essayons donc d'établir quelques dates.

C'est en 1546 que notre homme était à Aix pour soigner les pestiférés, en 1547 qu'il était à Lyon pour la même cause (en dispute avec Philibert Sarrazin), et en 1549 qu'il était à Gênes et, vraisemblablement, à Savone, comme nous le disions au début de cet appendice. Restent Toulouse, Narbonne, Carcassonne, Valence, Vienne. Les allusions à Toulouse peuvent se rapporter au séjour qu'il y aurait fait en 1539, après avoir quitté Bordeaux, je pense pourtant qu'elles se rapportent plutôt à son premier voyage de 1525-1529. La situation géographique de Narbonne donne à croire qu'il y vint, soit en allant à Montpellier, soit en sortant, alors qu'il se dirigeait vers les villes de la Garonne. Est-ce au cours de son voyage de 1525-1529, ou de celui qu'il fit après son doctorat ? J'imagine que ce doit être lors de ce dernier. – Quant à Carcassonne, c'est beaucoup plus tard qu'il y alla, entre 1553 et 1556. Il nous apprend, en effet , qu'il y administra plus d'une fois, avec grand succès, un remède à l'évêque de Carcassonne, « Mgr Ammanien de Foy ». Il s'agit d'Amand, Amédée ou « Amanevius » de Foy qui eut quelques contestations avec François de Faucon et fit fonctions d'évêque de Carcassonne, quoique ne l'étant pas réellement, entre les deux dates susdites (Gallia Christiana, VI, 921).

Selon Chavigny, en quittant Agen notre homme « se retira en Provence » directement. Au contraire, l'auteur de la Vie et le Testament le fait voyager huit, voire douze ans, c'est-à-dire (puisque nous savons qu'il était à Agen au moins jusqu'à 1538) jusqu'en 1546 au minimum. Astruc assure qu'il était de retour dans sa patrie en 1543 ou 1544 ; mais ce retour en Provence ne marquerait pas nécessairement la fin des voyages de Nostradamus : il peut avoir « roulé » en Provence jusqu'en 1546, époque où, nous le savons, il soigne les pestiférés à Aix. C'est, vraisemblablement, à ce moment qu'il alla à Valence et à Vienne, dont il nous parle dans l'Opuscule.

Chavigny déclare qu' il fut trois ans aux gages de la ville d' Aix, et l'auteur de la Vie et le Testament qu'il le fut quelques années. Mais lui-même nous dit formellement qu'il fut appelé à Aix durant la peste de 1546 : « L'an mil cinq cens quarante six que je feus esleu et stipendié de la cité d'Aix en Provence, où par le sénat et peuple je fus mis pour la conservation de la cité, où la peste estoit tant grande et espouventable ... » Et, d'autre part, il est certain qu'il ne resta que peu de temps (s'il y resta) à Aix après la peste, puisqu'il nous dit également qu'il fut mandé en 1547 à Lyon. Si bien qu'il est impossible qu'il soit resté trois ou quelques années à Aix à ce moment.

Résumons. Nostradamus dut quitter Agen en 1538 ou 1539 apparemment, pour aller se mettre à l'abri de l'inquisition à Bordeaux où il était en 1539 ; puis rentrer à

Agen, y perdre sa famille, revenir en Provence et vivre quelque temps à Marseille. Il fut mandé à Aix pour soigner la peste en 1546. Il était à Lyon pour la même raison en 1547 et il y eut « quelques contestations » avec Philibert Sarrazin pour des raisons médicales, mais surtout pour des raisons de religion. Enfin ses amis lui ayant moyenné un mariage à Salon, il s'y rendit, y épousa Anne Ponsard, jumelle (son contrat de mariage est daté du 11 novembre 1547), et s'y établit définitivement. Bien entendu, il quitta la ville plus d'une fois par la suite, appelé en consultation par divers personnages, comme on a pu le voir en lisant notre ouvrage. Il n'est naturellement pas impossible que ces voyages, qui le menèrent en Italie et à Paris, l'aient mené jusqu'en Lorraine.

APPENDICE 2

Nous énumérons ci-dessous les œuvres de Nostradamus ; nos bibliothèques publiques françaises n'en possèdent guère. Brunet déclare que Nostradamus fit paraître un almanach chaque année de 1550 jusqu'à sa mort ; mais il est vraisemblable qu'un bon nombre de ces almanachs n'étaient pas de lui et que les libraires se servaient sans droit de son nom.

1550. – Premier almanach de Nostradamus. D'après Brunet.

1555, mai. – Les Prophéties de Maistre Michel Nostradamus. Lyon, Macé Bonhomme, MDLY. Contient trois Centuries et les cinquante-trois premiers quatrains de la quatrième.

1555. – Les Prophéties ... Avignon, Pierre Roux, 1555. Édition mentionnée à la fin de celle de François de Sainct Jaure, Anvers, 1590.

1555. – Excellent et moult utile opuscule à tous nécessaire qui désirent avoir connoissance de plusieurs exquises receptes, divisé en deux parties. La première traicte de diverses façons de fardemens et senteurs pour illustrer et embelir la face. La seconde nous monstre la façon et manière de faire confitures de plusieurs sortes, tant en miel, que sucre, et vin cuict, le tout mis par chapitres, comme est faict ample mention sur la table. Nouvellement composé par Maistre Michel de Nostredame, docteur en médecine de la ville de Salon de Craux en Provence et de nouveau mis en lumière. Lyon, Antoine Volant, 1555. Bibliothèque nationale.

1556. – Les Prophéties ... Avignon, 1556. Citée sur le titre des éditions de Rouen 1649 et de Leyde 1650, et par Brunet qui la déclare faite sur celle de Macé Bonhomme, 1555.

1556. – Singulières receptes pour entretenir la santé du corps. Poitiers, 1556. Citée par la Vie et le Testament de Nostradamus et la Biographie Didot.

1556. – [Opuscule des fardemens.] Paris, O. de Harsy. D'après Brunet.

1557. – Les Prophéties ... Lyon, Antoine du Rosne, 1557. Contient les Centuries 1 à 7, quarante quatrains seulement de la septième.

1557. – Le vrai et parfaict embellissement de la face et conservation du corps en son entier contenant plusieurs receptes très secrètes pour le fard. Anvers, Plantin, 1557. D'après Lacroix du Maine.

1557. – La grand'pronostication nouvelle avec portenteuse prédiction pour l'an 1557 ... Paris, Jacques Kerver, 1557. D'après Brunet.

1557. – Paraphrase de C. Galen sur l'exortation de Menodote aux estudes des bonnes artz, mesmement médecine, traduite de latin en français ... Lyon, Antoine du Rosne, 1557. D'après Brunet.

1558. – Les Prophéties ... Lyon, 1558. Citée par Joh. Jac. Held et par J. C. Adelung.

1558. – La grant pronostication nouvelle avecques la déclaration ample de MDLIX composée par Michel Nostradamus, avecques les figures de quatre temps sur les climats 47, 48, 49 et 50. Lyon, Jean Brotot, 1558. D'après Brunet.

1559. – La signification de l'éclipse qui sera le 16 septembre 1559, laquelle fera sa maligne extension jusques à l'an 1560, diligemment observée ... Paris, Guillaume le Noir, s d. D'après Brunet.

1560. – Les Prophéties ... Paris, Barbe Regnault, 1560. D'après Brunet. Contient, dit-il, les Centuries 1 à 7.

Vers 1560. – Prophéties merveilleuses commençant ceste présente année et dure jusqu'à l'an de grande mortalité que l'on dira 1568, an de bissexte ... Paris, Guillaume Nyverd, s d. D'après Brunet.

1560. – Le remède très utile contre la peste et toutes fièvres pestilentielles avec la manière d'en guérir, aussi la singulière recepte de l'oint dont usoit l'empereur Maximilien, premier du nom ... Paris, s n. 1561. D'après Brunet. Il ajoute qu'il y avait de cet ouvrage une traduction anglaise dès 1559. Cela implique l'existence d'une édition antérieure.

Vers 1560. – Les Prophéties ... Lyon, Benoist Rigaud, s d. Bibliothèque de Dresde.

1562. – Almanach pour l'an 1563 avec les présages, calculé et expliqué par ... Avignon, Pierre Roux, s d. D'après Brunet.

1567. – Prophéties ou révolution merveilleuse des quatre saisons de l'an et apparition des grands et horribles signes, comettes, estoiles et tremblement de terre qui pourront advenir depuis l'an présent jusques en l'an de grand mortalité 1568, an de bissexte ... Lyon, Michel Jove, 1567. D'après Brunet.

1568. – Les Prophéties ... Lyon, Benoist Rigaud, 1568, in-16.
1568. – Les Prophéties ... Lyon, Benoist Rigaud, 1568, in-8. Autre édition que la précédente d'après Carl von Klinckowstroem.

S. d. – Les Prophéties ... S. l. Pierre Menier, s d. Bibliothèque Mazarine .

1569. – L'Embellissement de la face et conservation du corps en son entier. Ensemble pour faire divers lavemens, parfums et senteurs. Avec la manière de faire toutes sortes de confitures liquides et excellentes : adiousté la manière de faire plusieurs sortes d'ypocras et autres vins fort exquis : outre la manière et propriété de faire de plusieurs sortes de vinaigre, tant de senteur qu'autres, recueillis des œuvres de

M. Michel de Nostradamus par messieurs les docteurs en la faculté de médecine de la ville et cité de Basle, dédié au peuple de France. Paris, vefve Jean Bonfons, s d. La dédicace est datée du 6 juillet 1569. D'après Brunet.

Les Prophéties ont été réimprimées quinze fois avant 1689, et bien plus souvent après.